W0304651

AMOURS SILENCIÉES

© Éditions Daronnes, 2022

ISBN : 978-2-492312-05-2
Dépôt légal : novembre 2022

Éditions Daronnes
21 place Maurice Thorez, 94800 Villejuif
www.editionsdaronnes.fr

Correction : Sophie Benard
Édition : Lison Caron, Cyrielle Rentero, Elvire Loez
Relecture : Margot Lachkar

Christelle Murhula

AMOURS SILENCIÉES

Repenser la révolution romantique depuis les marges

– éd. –
Daronnes

À Nelly B.

Index

Introduction

« Quand j'étais enfant, il était pour moi clair que la vie ne valait pas d'être vécue si je ne connaissais pas l'amour. »[1] C'est par cette phrase que bell hooks commence son livre *all about love*[2], qui traite de l'amour sous toutes ses formes. Lorsque j'ai lu cet ouvrage pour la première fois, j'ai achevé de comprendre la place que j'avais dans ce qu'on appelle le marché de l'amour. Mais qu'est-ce que l'amour ? Selon le dictionnaire Larousse, c'est un « mouvement de dévotion qui porte un être vers une divinité, vers une entité idéalisée ; adhésion à une idée, à un idéal », ou un « intérêt, goût très vif manifesté par quelqu'un pour une catégorie de choses, pour telle source de plaisir ou de satisfaction ». Le dictionnaire Robert, lui, le définit comme un « sentiment vif qui pousse à aimer (qqn), à vouloir du bien, à aider en s'identifiant plus ou moins », ou une « inclination envers une personne, le plus souvent à caractère passionnel, fondée sur l'instinct sexuel, mais entraînant des comportements variés ». Rien de controversé en somme. On pourrait donc penser que l'amour ne se résume qu'à sa représentation romantique : des sentiments et de l'attirance envers une tierce personne. Il doit ensuite déboucher sur des étapes de vie obligatoires – spécialement pour les femmes –, c'est-à-dire, le couple

1. *all about love*, bell hooks, Harper, 2000

2. Sa version traduite en français a été publiée en octobre 2022, *À propos d'amour*, aux éditions Divergences.

monogame hétérosexuel, le mariage, et les enfants, si possible avant trente-cinq ans. Des étapes qui sont en réalité des normes, où les identités de chacun·e·s se heurtent à des problématiques spécifiques. Ainsi, l'amour n'est pas qu'une démonstration d'affection ; c'est un champ politique, qui est lui aussi régulé comme un marché.

Un marché qui fonctionne avec les mêmes lois capitalistes que l'économie : en prenant en compte un jeu de l'offre et de la demande pour les participant·e·s. Pour les femmes, plus elles sont privilégiées et normées, plus elles seront demandées. Et inversement. Un marché selon lequel chaque femme évalue sa propre valeur en tant que personne. Sur celui-ci, je suis une femme noire, cisgenre[3], et hétérosexuelle de moins de trente ans. Je fais partie des 37,5 %[4] de femmes célibataires de France. Et comme un bon nombre d'entre elles, j'ai souvent eu honte de l'être. J'ai pu le cacher, j'ai pu mentir, j'ai pu me créer des situations amoureuses de toute pièce, qui ont fait que j'avais parfois quelque chose à raconter, et que donc, j'étais digne d'être regardée. Car depuis que je suis toute petite, on m'a toujours appris que trouver l'amour serait pour moi un salut. L'assurance que je suis une personne normale.

J'étais une grande consommatrice de séries pour ados, de films romantiques, ou encore de presse féminine, même si je n'y comprenais pas forcément grand-chose. Dans ces derniers, l'amour, la « drague », et la sexualité étaient partout, comme des guides du routard de la parfaite amante, parfaite copine, et parfaite épouse. En clair, des tonnes

3. Terme qui qualifie une personne dont l'identité de genre est en concordance avec le genre qui lui a été assigné à la naissance.

4. « État matrimonial légal des personnes selon le sexe », INSEE, 2020

d'articles pour savoir comment une femme pouvait garder son homme. Comment mieux se plier aux règles du couple hétéro. Comment faire pour ne pas rester célibataire à tout prix. Une presse que je lisais religieusement, censée me conduire dans ma quête de relations amoureuses, jusqu'à il n'y a pas si longtemps.

Au moment où j'ai décidé d'écrire cet ouvrage, la France venait de se confiner. Nous étions en mars 2020, les hôpitaux français étaient surchargés de patients Covid, et nous comptions des centaines de morts par jour dus à cette maladie. La presse française était également submergée d'articles relatant la période historique que nous étions en train de vivre. Et dans ces articles, une cinquantaine évoquaient les relations, et l'amour. Le journal *Le Monde*[5] analysait « l'épreuve de la distance » des couples. Le féminin *ELLE*[6], lui, se voulait conseiller ses lectrices pour que leur union « survive ». Le culturel *Les Inrocks*[7] se demandait s'ils allaient résister à « l'épreuve » du confinement. Nos canards français ont multiplié les angles pour évoquer les bouleversements qu'a causé le confinement sur les relations amoureuses. Les questionnements récurrents étant « comment continuer à rechercher un partenaire de vie ? », « comment continuer à coucher ? », ou alors, « comment faire survivre son couple en temps d'enfermement ? Après le confinement ? ». Car oui, après aussi, tout ça a continué[8].

5. « On est réduits à l'amour courtois ! », les couples à l'épreuve de la distance, lemonde.fr, 27 mars 2020

6. « Coronavirus : 6 conseils pour que notre couple survive au confinement », elle.fr, 16 mars 2020

7. « Votre couple va-t-il survivre au confinement ? », lesinrocks.fr/cheek, 19 mars 2020

8. « S'aimer comme on se confine : “Ce n'est pas le confinement qui a eu raison de mon couple, mais le retour à Paris” », lemonde.fr, 3 juin 2020

S'en sont suivies de nombreuses œuvres littéraires ou audios, censées nous aider à détricoter notre rapport à l'amour et au couple, en tant que femme hétéro. Ces dernières années, le contexte où la parole féministe a pris une place de plus en plus importante a privilégié une (très) lente déstigmatisation des femmes célibataires, et *de facto*, une déconstruction des normes amoureuses. Ainsi, le terrain était propice à ce que nous puissions toutes repenser nos habitudes amoureuses et les déconstruire, afin de mieux les vivre. Après avoir décortiqué comment nous traitons notre corps, il fallait décortiquer qui l'on aime, et surtout comment. Le tout, avec une grille de lecture féministe et libérale. De nombreuses militantes, sociologues, et journalistes se sont éprises du sujet de l'amour romantique, l'intime devant être démantelé. L'amour est alors (re)devenu un sujet politique, féministe, intrinsèquement lié aux inégalités hommes-femmes. Et ses mécanismes – souvent violents – et vecteurs d'inégalités de genre sont profondément remis en cause.

Sauf que toutes ces œuvres, qu'elles soient destinées spécifiquement à déconstruire les normes amoureuses pour les femmes hétéro ou qu'elles nous poussent à sortir de l'hétérosexualité, ne me ressemblaient pas, et me parlaient encore moins. Je suis certes journaliste, comme la plupart de ces femmes. J'ai certes fait des études supérieures, comme la plupart de ces femmes. J'évolue, certes, dans un certain milieu intellectuel, comme la plupart de ces femmes... Mais je ne suis pas blanche. Je suis noire, née de parents de classe moyenne, et j'ai grandi en banlieue parisienne. Cette parole-là n'est pas universelle, loin de là. Et comme elle ne l'est pas, elle a été quasi invisibilisée, inexistante même, dans cette prolifération de nouvelles ressources sur l'amour politique. La raison ? Ces livres, films, ou encore podcasts ne nous sont pas destinés, car ils n'ont pas été écrits pour et par nous. Bien que de nombreuses adelphes telles que Audre Lorde, bell hooks, ou Alice Walker aient écrit sur l'amour, par le prisme de la déconstruction de l'hétérosexualité, du colorisme, ou encore du rapport de soi à soi, elles l'ont fait dans un contexte purement états-unien. Ainsi, leurs expériences ont pu être considérées comme universelles aux yeux de nombreuses femmes noires y compris en France.

Cet ouvrage n'a pas du tout pour but de donner des clés de survie dans son couple, ni de sortie de l'hétérosexualité. Cet ouvrage n'est pas non plus un manifeste afin de réclamer plus d'attention de la part des hommes. Cet ouvrage est juste un constat, une analyse, la somme de lectures, d'observations et d'expériences que j'ai pu vivre. Il a pour but de montrer que l'amour, et l'accès au couple, bien qu'il ne soit pas indispensable à la réussite d'une vie, vont au-delà d'une simple question d'oppression patriarcale. Dans certaines sphères intellectuelles et/ou militantes, il est admis que le couple hétérosexuel est, par son existence, un régime oppressif pour les femmes hétéros. Il est moins admis que les femmes considérées comme non-normée, celles qui ne représentent pas l'idée universelle que serait LA femme, sont automatiquement marginalisées sur ces questions, qu'elles soient racisées, non-valides ou encore issues des classes populaires.

Dans cet ouvrage, je vais en très grande partie évoquer l'amour en analysant la place sociale des femmes que je connais : celle des femmes noires. Je veux montrer à travers ce texte que nous ne sommes pas toutes égales sur le marché de l'amour, et que, bien que la volonté de déconstruction de l'amour se veuille universelle, la critique des normes amoureuses se doit d'être plus profonde et plus diverse. Car si les comportements liés à l'amour doivent être repensés à raison, pour de nombreuses femmes, ce champ n'est même pas accessible. Malgré toutes les nouvelles analyses féministes, le couple reste encore toujours un modèle prisé pour les femmes, quitte à ce qu'elles se mettent en compétition.

Il est possible que tout au long de ce texte, certaines me trouvent dure envers d'autres femmes. Il est possible que d'autres estiment qu'un énième livre de femme hétérosexuelle qui souhaite analyser les normes amoureuses soit agaçant. Il est possible encore que d'autres y voient une forme de discours victimaire, voire inutile. Le fait est que ce livre ne parle pas spécifiquement de moi, ni de ma vie amoureuse et sexuelle. Il parle en grande partie l'amour noir en France, ce qui est rare. S'il évoque en filigrane l'expérience des femmes qui me ressemblent, il tente aussi de mettre en avant celles que l'on ne voit jamais, ou si peu, lorsqu'il s'agit de parler et montrer l'amour. Des femmes racisées, des femmes handicapées, des femmes ayant grandi dans un milieu populaire, des femmes considérées comme laides, des femmes ayant grandi en banlieue parisienne, des femmes grosses, des femmes foncées... Celles qui n'ont pas eu le privilège de coucher sur papier leur rapport à l'amour, mais qui souhaitent pourtant s'y retrouver. Ce livre existe car il représente un ensemble de réflexions que j'aurais aimé lire ou entendre, en espérant qu'il apporte des contre-voix à la masse déjà produite.

PARTIE I
POUR QUI EXISTE LA RÉVOLUTION ROMANTIQUE ?

Chapitre 1
Qui a droit à la parole ?

Le 29 avril 2020, le compte Twitter de l'INA publiait une interview de l'actrice Delphine Seyrig, datant de 1972[9]. Durant quatre minutes, elle y décrit le système d'exploitation qu'est la domination masculine, mais également la façon dont les femmes sont enfermées dans leur relation amoureuse par le biais du travail domestique gratuit, tout en étant coincées dans une forme de disponibilité sexuelle. Quatre minutes de discours qui pourraient être dépeintes comme de l'empouvoirement. « Les femmes gagnent moins d'argent que les hommes. Les femmes sont obligées, en plus de l'argent qu'elles gagnent, d'effectuer du travail gratuit [...]. » Un « discours féministe qui pointe l'essentiel », un discours « sidérant de pertinence », ou encore « des paroles puissantes », pouvais-je lire sur le réseau social. En quelques heures, la vidéo devient virale. Nombreuses sont les femmes (mais aussi quelques hommes) à célébrer cette colère, ce cri du cœur qui montre que depuis 1972, peu de choses ont changé dans les relations interpersonnelles entre les deux genres. Que l'exploitation des femmes en couple hétérosexuel est, cinquante ans plus tard, toujours en cours. Et que la vie des femmes hétéros est encore et toujours abîmée par la

9. *1972, Delphine Seyrig en colère contre le sexisme*, par la rédaction de l'INA, 29 avril 1972

présence des hommes dans leur vie intime, les soumettant à une violence patriarcale quotidienne. Nous étions alors à l'aube de ce que beaucoup de femmes appellent une « révolution romantique »[10]. C'est-à-dire une tentative de bousculement des modèles des relations amoureuses, et une compréhension, voire une remise en question des systèmes de domination que peuvent créer l'amour et son fonctionnement, en grande majorité entre les hommes et les femmes.

En effet, en 2021, la France a vu une prolifération d'œuvres qui veulent déconstruire les relations amoureuses. Beaucoup se sont réjouis de voir paraître dans l'hexagone une remise en cause des schémas classiques dans les rapports interpersonnels, et dans les normes de rapports amoureux et sexuels, en particulier hétéros. Ainsi, on a pu découvrir le podcast *Le Coeur sur la Table* de Victoire Tuaillon[11], qui décortique cela en piochant dans de nombreuses disciplines (histoire, socio, etc.). *Vivons heureux jusqu'à la fin du monde* de Delphine Saltel[12] se demande ce qui pourrait bien sauver le couple, et pourquoi cette institution subit un certain désenchantement. Le milieu de l'édition a lui aussi offert une pléiade de choix pour se questionner sur l'amour : *Dating Fatigue. Amour et solitude dans les années 20(20)*, *Réinventer l'amour. Comment le patriarcat sabote les relations hétérosexuelles*, mais aussi *Ils vécurent heureux. Guide de survie d'une féministe en couple hétéro*, ou encore *Nos amours radicales*, *Sortir de l'hétérosexualité*, *Désirer à tout prix*, une adaptation

10. « Nous sommes à l'aube d'une révolution romantique », Constanza Spina, manifestoxxi.fr, 14 octobre 2021

11. *Le Coeur sur la Table*, Binge Audio

12. « Qu'est ce que qui pourrait sauver le couple », *Vivons heureux avant la fin du monde* de Delphine Saltel, ARTE radio

du podcast *Le Coeur sur la Table* (évoquant les limites de la révolution de l'amour), *La conversation des sexes*[13]... Entre autres. Et ceci, ne serait-ce que pour la saison 2021-2022. Le début de cette décennie a vu naître une réflexion commune qui serait qu'en matière d'amour, les femmes méritent mieux. Le tout, via un prisme, pour l'écrasante majorité, hétérosexuel. Des discours censés représenter l'universel, comme celui de Delphine Seyrig énoncé cinquante ans plus tôt à la télévision, salué par la masse. Le discours de Seyrig marque parce qu'il choque : tant d'années de combat pour des miettes. Le soulèvement des femmes avait certes tenté d'avoir eu lieu, d'abord durant la toute première vague de mouvements féministes dans les années 1870 en France, et puis jusqu'à plus récemment lors de la mise en avant du mouvement #MeToo en 2017, créé par Tarana Burke dix ans auparavant. Mais ce soulèvement était encore et toujours limité, et se devait de toucher toutes les sphères de l'intime, jusque dans les plus quotidiennes. Alors, chercher la parole divine chez les anciennes adelphes était logique, comme une continuité à ce que nous subissons. Mais peu de femmes ayant acclamé en 2020 la prise de position de Delphine Seyrig ont relevé toutes les analogies présentes. Son discours montre à quel point « les femmes », pour elle, ne sont que des femmes blanches. Elle parle de « racisme » pour évoquer la discrimination de genre. De « ségrégation »

13. *Dating Fatigue, Amour et solitude dans les années 20(20)*, Judith Duportail, éditions de l'Observatoire, 2021 – *Réinventer l'amour. Comment le patriarcat sabote les relations hétérosexuelles*, Mona Chollet, La Découverte, 2021 – *Ils vécurent heureux. Guide de survie d'une féministe en couple hétéro*, Mymy Haegel, Hugo Doc, 2021 – *Nos amours radicales. 8 visions singulières pour porter un regard nouveau sur l'amour*, Léane Alestra Anais Bourdet Sabrina Erin Gin Lou Eve Axelle Jah Njiké, Sharone Omankoy Emanouela Todorova, Nanténé Traoré, Hachette Pratique, Coll. Les Insolentes, 2021 – *Sortir de l'hétérosexualité*, Juliet Drouar, Binge Audio, Coll. La Table, 2021 – *La conversation des sexes. Philosophie du consentement*, Manon Garcia, Flammarion, 2021

lorsqu'il s'agit de dénoncer le contenu des magazines féminins. Ou encore d'esclavagisme lorsqu'il s'agit de conspuer le travail domestique. Une analogie courante dans les années 1970, lorsque les femmes (blanches) souhaitaient mettre en évidence leur position subalterne dans la société, elle-même toute aussi blanche à leurs yeux. Et si, selon elles, les femmes sont des esclaves, victimes de racisme ou de ségrégation, les femmes racisées qui le sont ou l'ont réellement été dans un système construit pour, n'existent pas dans le schéma qu'elles dénoncent.

De la déconstruction à la reconstruction

Cinquante ans plus tard, si ces comparaisons sont (légèrement) moins courantes, le profil des femmes ou des personnes non-binaires qui souhaitent déconstruire l'amour sont quasi similaires : blanches, « plutôt hétéros » comme certaines le stipulent, citadines, trentenaires ou quarantenaires, cisgenres pour la plupart, minces, de classe plutôt moyenne-supérieure voire bourgeoise… Cela apparaît comme une liste de courses d'attributs sociaux accordés à ces femmes. Mais cette liste prend tout son sens lorsque l'on analyse leur prise de position. Elles sont journalistes – comme moi –, sociologues, autrices, militantes. Des femmes qui occupent souvent des positions les plus enviables dans la classe sociale qu'est le genre et dans la société en général. Une catégorie sociale particulière[14], mais qui aujourd'hui a le pouvoir de rendre légitime un sujet auprès d'un public un peu plus large, toujours censé représenter l'universel. C'est ainsi qu'en 2021, en France, l'amour comme véritable objet politique est devenu un

14. Inventée par moi-même, je l'avoue.

sujet popularisé sur la scène *mainstream*, et plus seulement relégué comme une problématique secondaire. L'amour au sens propre du terme, est (re)devenu un champ politique, et est présenté comme tel, en tout cas dans cette sphère médiatique et militante. Laissant néanmoins de côté le champ du travail domestique ou encore la place de la maternité et des enfants dans la consolidation d'une relation[15]. Et celles qui le racontent ont toutes la volonté de le déconstruire, de pointer sa violence, sa manière de créer des inégalités, de créer des situations de dépendance entre humains… Mais de leur point de vue. Car si le récit de l'amour est confisqué par une catégorie sociale, la déconstruction des relations amoureuses passe par conséquent par un schéma très blanc, citadin et hétéro. Et surtout, cette remise en cause est centrée autour des hommes, et quasi seulement des hommes. Comment se rendre compte que les hommes nous maltraitent, nous, femmes hétéros ? Comment se rendre compte que les hommes nous exploitent, nous, femmes hétéros ? Comment se rendre compte que les hommes nous violentent, nous, femmes hétéros ? Comment s'armer, pour finalement mieux vivre au sein de son couple hétéro ? Des questionnements pleinement légitimes, qui trouvent d'ailleurs un public, mais également une manne financière : les femmes (hétéros). Si ce n'était pas déjà fait, elles se sont rendues compte que les relations de couple feraient systématiquement d'elles des femmes perdantes, le patriarcat l'ayant façonné. Et outre les premiers questionnements, arrive ensuite une sorte de remise en question de soi, mais toujours par rapport à l'autre. Car face à cette

15. Sauf lorsqu'il s'agit de dénoncer les conditions du post partum, qui est pensé d'un point de vue médical et non politique, ou quand il faut parler des différences sur le travail domestique à l'arrivée de l'enfant. Mais on ne parle jamais d'amour.

recrudescence de ressources, certaines peuvent se mettre en tête de déconstruire à leur manière leur conjoint, ou les personnes qu'elles rencontrent. C'est-à-dire, comment faire en sorte qu'ils soient meilleurs, quitte à ce qu'une nouvelle pression s'abatte sur les femmes, éprises d'une mission civilisatrice pour les rendre plus conscients des enjeux féministes. Puisque les ressources sont là, comme des guides de survie aux relations hétérosexuelles, il n'y a aucune raison que leurs nouvelles relations ne fonctionnent pas comme elles l'entendent. Elles deviendront alors de nouvelles héroïnes, celles qui auront réussi à façonner l'homme parfait. Une quête afin de devenir une meilleure féministe hétérosexuelle en couple, comme un guide de développement personnel, alors que bien souvent, ceux que l'on souhaite à tout prix rendre plus aimants dans les relations amoureuses, n'auront que peu de volonté de suivre les conseils énoncés.

Si ces écrits ou encore podcasts trouvent un public, c'est parce que la cible en a justement besoin. C'est un moyen pour elles de comprendre les relents négatifs de tout ce pour quoi elles se sont investies, dans ce pour quoi elles se sont battues, voire ont été élevées. Dans *Le prix à payer. Ce que le couple hétérosexuel coûte aux femmes*[16], la journaliste Lucile Quillet a compté, comme son nom l'indique, tout ce que les femmes ont investi dans leur couple ou futur couple. Mais elle a également fait le calcul de tout ce que les femmes perdent. Au niveau rémunération, carrière, quand elles ont le privilège d'en avoir une. Comment la domination masculine dans le couple hétérosexuel est également une domination économique, notamment en

16. *Le Prix à Payer. Ce que le couple hétérosexuel coute aux femmes*, Lucile Quillet, éditions Les Liens qui Libèrent, 2021

passant par les obligations esthétique et sexuelle, puisque les femmes hétéros investissent au préalable dans une relation qui n'existe pas encore. Cet investissement passe par de nombreux éléments de beauté qui garantiront d'être la personne choisie. Crèmes, épilations, régimes, vêtements, études... Comme sur un marché économique qui établit une loi entre l'offre et la demande, cet investissement leur garantit d'être le meilleur produit sur un marché hyper concurrentiel.

Car oui, encore aujourd'hui, malgré tous les basculements liés aux luttes et prises de conscience féministes, des hétérosexuelles continuent de vouloir avoir accès à une relation avec un homme, et donc au schéma de couple le plus normatif. C'est ce que l'on appelle « l'escalator relationnel », soit l'idée que la relation de couple est le but ultime d'une vie, avec plusieurs étapes : couple, emménagement, mariage puis enfants. Parfois, d'autres femmes se risquent à renverser leurs propres croyances pour convenir à ce qu'une nouvelle doxa attendrait d'elles : celles qui seront les plus libres, les plus libérées, qui auront au mieux réussi à s'affranchir des normes. Et cela passe par de nombreuses notions qui parfois ne leur conviennent pas[17] : le polyamour comme outil d'émancipation amoureuse et/ou sexuelle[18], l'anarchie relationnelle[19] ou encore la sologamie, bien qu'elles rêvent encore au prince charmant. Tenter de correspondre à ces idéaux

17. « La révolution romantique n'est pas un dîner de gala », *Le Coeur sur la Table*, Binge Audio

18. « Du sexpo au polyamour : quand la "libération sexuelle" flirte avec le libéralisme », Douce Dibondo, blogs.mediapart.fr, 8 décembre 2021

19. Pratique où la conviction que les relations ne doivent pas être liées par des règles autres que celles sur lesquelles les personnes impliquées se sont mises d'accord.

façonne encore et toujours des normes inatteignables en matière de bonheur conjugal. Et en plus de devoir rendre leur relation plus que parfaite, elles doivent gérer tout type de violences au sein de leur ménage. Mais une chose est sûre, il est aujourd'hui admis dans les cercles les plus militants et politisés aux questions des inégalités entre les genres, que dans les couples hétérosexuels, les femmes pâtissent d'une manière systémique. Il n'est désormais plus à prouver que dans ce schéma, les violences et l'exploitation sont inévitables. Elles sont morales, puisque l'on estime qu'au cours des années 2014 et 2015[20], 12,7 % des femmes de 18 à 75 ans ont déclaré avoir subi durant les deux années précédentes des atteintes psychologiques ou des agressions verbales de la part de leur conjoint ou ex-conjoint[21]. Elles ont ainsi été l'objet de manière répétée de comportements dévalorisants, de manifestations de jalousie, d'insultes ou été confrontées à des menaces ou des actes visant à les contrôler. Cette enquête de l'INSEE le décrit ainsi :

> « Les femmes sont plus exposées à des atteintes de différentes natures (7,8 % contre 5,3 % pour les hommes) et les risques pour elles d'être l'objet de violences psychologiques sont plus élevés. »

En plus d'être morales, ces violences sont également physiques. Dans une étude plus récente[22] centrée sur un jeune public et qui inclut les femmes non-hétéros, on estime que 9 femmes sur 10 entre 12 et 25 ans ont déjà subi

20. Chiffres les plus récents disponibles, le champ d'étude étant complexe.
21. « Atteintes psychologiques et agressions verbales entre conjoints », INSEE, juillet 2016
22. Enquête Petites Glo x En Avant Toute(s), 3 novembre 2021

des violences conjugales. Et dans un pays où une femme est assassinée en moyenne tous les trois jours[23] par son conjoint ou ex-conjoint, la violence patriarcale est loin d'avoir disparue, et a toujours existé.

Dans un autre contexte, l'exploitation des femmes est légion. Entre le travail domestique gratuit[24] accordé chaque année, la volonté du *care* et de s'occuper de leur conjoint homme, une femme en couple hétéro va *forcément* douiller dans sa vie quotidienne. Et si cette révolution qui tend à vouloir déconstruire l'amour hétérosexuel le souligne, elle provoque également un sentiment de gêne. Car elle crée, même sans le vouloir, une nouvelle injonction : celle qui serait d'avoir celui qui sera labellisé comme « le mec bien », « pas comme les autres », « qui fait la vaisselle », et qui est un « allié féministe ». Trouver un homme déconstruit, ou alors le déconstruire soi-même. La piste de réflexion n'étant quasiment jamais de simplement essayer de s'en affranchir quand elles le peuvent, mais plutôt de continuer à vouloir absolument en avoir un, si possible, sans trop se casser de dents. Comme si la déconstruction était forcément possible, alors que tout dominant a intérêt à conserver ses privilèges. Dans *La Volonté de changer*, de bell hooks[25], l'universitaire et autrice américaine écrit : « Les hommes ne peuvent pas changer s'il n'y a pas de guide pour le changement. [...] Ce n'est pas vrai que les hommes ne veulent pas changer. » Mais « des centaines de milliers d'hommes n'ont même pas commencé à réfléchir sur la façon dont le patriarcat

23. « Féminicides en France : une femme meurt tous les trois jours sous les coups d'un homme », TV5monde.fr

24. Les actions et la charge mentale.

25. *La Volonté de changer. Les hommes, la masculinité, et l'amour*, bell hooks, éditions Divergences, 2021

les empêche de se connaître eux-mêmes, de se connecter avec leurs sentiments, d'aimer». Elle souligne comment la masculinité des hommes les empêche de repenser l'égalité. Pour résumé : si l'on ne les force pas à s'y intéresser, ils s'en foutent. Et lorsqu'on voit qui lit et écoute les nouvelles ressources qui déconstruisent l'amour, on peut se demander si cette nouvelle documentation n'est pas seulement destinée à nous et seulement nous, les femmes. Car oui, la majorité des lecteurs sont en réalité des lectrices. Alors pour celles qui n'ont d'autres choix que de rester dans une relation hétéro, leur conjoint au mieux en entendra parler, au pire ne s'y penchera pas.

Lorsque j'ai demandé à mon cercle d'amies si elles se sentaient obligées de rendre leurs conjoints meilleurs, la réponse était inlassablement oui. Comme un nouveau travail à part entière qui leur permettra d'exposer à leur bras un nouvel homme tout beau et tout gentil. Le but étant ici de se délecter d'un sentiment de supériorité, là où la compétition fait rage. Bref, des analyses qui passent plus par le fait de rendre leur homme meilleur plutôt que de s'en libérer. Certaines parlent même de « dés-hétérosexualiser l'hétérosexualité »[26], c'est-à-dire sortir de l'hétérosexualité tout en continuant à relationner avec les hommes, travailler à la rendre moins oppressive pour les femmes. Moins violente, moins épuisante... Faire en sorte que les relations hétérosexuelles se libèrent de la violence patriarcale dont elle a fait sa norme. Le tout, avec l'aide de tous les travaux qui se forment.

Mais cette démarche individualiste est très critiquée par de nombreuses femmes lesbiennes ou bies sur les réseaux

26. *Le Cœur sur la Table* - Romance et soumission, première partie

sociaux ou ailleurs. Elles ont dénoncé la dépolitisation de l'analyse de l'hétérosexualité comme régime politique, ces analyses ayant déjà été entreprises par des femmes qui ont vécu aux marges des normes toute leur vie, il y a déjà des décennies. Des femmes qui ne leur ressemblent pas, et qui, de ce fait, n'ont pas pu rendre leurs travaux aussi grand public : des femmes racisées, et/ou lesbiennes. Des femmes qui ont vécu aux marges du couple hétérosexuel à leur époque. Les sphères les plus éduquées ont également pris conscience de l'impact de la féministe afro-américaine bell hooks sur les réflexions au sujet de l'amour. En filigrane, chacun de ses ouvrages traite du rapport des féministes aux relations amoureuses et aux hommes. En 2000, elle publie *all about love: new vision*, livre pionnier qui analyse d'une manière très philosophique comment les humains peinent à aimer et être réellement aimés, n'évoque pas seulement l'amour romantique, mais également l'amitié, ou encore la famille. Elle souhaite envisager l'amour comme un acte et non comme un sentiment, démonte tous les obstacles que la culture patriarcale oppose à des relations d'amour saines, et envisage un art d'aimer qui ne se résumerait pas au frisson de l'attraction ou à la simple tendresse. Une œuvre classique pour de nombreuses féministes noires, qui a été réhabilitée auprès d'un public plus large ces dernières années, à tel point que sa traduction française, *À propos d'amour*, a été publiée en octobre 2022, après une forte demande. Sur cette notion, la France a donc pu avoir accès à la pensée d'une féministe noire… américaine. Mais où est la parole des femmes les plus minorisées ? Leur voix ne vaut que lorsqu'elles sont étrangères ou mortes.

Chapitre 2
Devenir lesbienne, réelle solution miracle ?

Il n'y a donc aucune illusion à se faire : le couple hétérosexuel est une plaie, et chaque femme qui vit dans ce schéma a une vie de compromis. Ce constat simple a été théorisé il y a déjà plusieurs décennies par certaines autrices. Elles décrivent ce système d'oppression qui asservit les femmes quelques soient les particularités individuelles de leur conjoint. Mais les femmes hétéros ne sont pas forcément condamnées à vivre sous cette égide et ce régime : elles peuvent s'en libérer. Cette théorie est celle du lesbianisme politique, mise en avant dans les années 1970 par un courant politique et militant puissant. Elle repose sur l'idée qu'il faut combattre le patriarcat en tant que système politique, en arrêtant de soutenir l'hétérosexualité et d'avoir des relations avec des hommes. En France, c'est Monique Wittig qui la popularise dans « La Pensée straight »[27], qu'elle conclut comme ceci : « Les lesbiennes ne sont pas des femmes. » Si l'on se penche un peu plus en détail sur cette théorie, il ne faut pas certes être un expert·e en marxisme, mais il est recommandé de connaître un peu de vocabulaire. Analysons la pensée de Wittig. Elle présente l'aspect fondateur de la « naturalité » supposée de

27. Communication prononcée en 1979, publiée pour la première fois en français en 1980 dans le n°7 de *Questions féministes* puis en anglais dans *Feminist Issues*, la même année — le livre *La Pensée straight*, qui inclut d'autres essais, est sorti en français en 2001 aux éditions Balland, puis 2018 aux éditions Amsterdam.

l'hétérosexualité au sein de nos structures de pensées, et met au jour le fait qu'elle n'est ni naturelle, ni donnée : l'hétérosexualité est un régime politique d'oppression envers les femmes, comme le capitalisme est un régime oppressif envers le monde ouvrier et les travailleur·euse·s. Le lesbianisme politique est alors une manière de choisir politiquement de se détourner des relations hétérosexuelles et de ses normes. Il comporte aussi une dimension économique très forte : anticapitaliste, il prône une survie des femmes via des moyens de production partagés entre elles et pour elles. De plus, il met en évidence comment le marxisme et la délimitation des classes sociales n'a fait que noyer les femmes dans l'une ou dans une autre, la bourgeoise ou la prolétaire. Les femmes n'ont alors pas pu constituer leur propre classe, car les réflexions féministes ont été absentes des réflexions marxistes et des rapports de pouvoir entre bourgeoisie et prolétariat. Pourtant, les femmes sont encore vues comme sous-prolétaires quelle que soit leur classe, asservies par le capitalisme, dans une chaîne très hiérarchisée. Si le patron a plus de pouvoir que l'ouvrier, l'ouvrier, lui, a le pouvoir sur sa femme. « Prolétaires de tous les pays, qui lave vos chaussettes ? » si on veut reprendre le slogan de l'époque. Ainsi, Wittig a développé une réelle critique des théories marxistes car celui-ci entraverait les luttes féministes, et ne prendrait pas du tout en compte ces dernières dans leur critique de la société établie. Le rapport d'exploitation domestique entre les femmes et les hommes se concrétisant par le mariage, un contrat social hétérosexuel construit. Dans ce contexte, le lesbianisme (politique) devient un moyen de fuir cet asservissement social, et surtout un moyen d'organisation pour survivre. Vivre entre femmes, aimer entre femmes, travailler entre femmes.

Une véritable théorie émancipatrice, tant sur le plan personnel qu'économique. Ce mouvement est également popularisé par la poétesse Adrienne Rich dans *La contrainte à l'hétérosexualité et l'existence lesbienne*, publié en 1980[28], qui expose sa théorie du « continuum lesbien » contre l'hétérosexisme. Dans cet essai, souvent comparé à *La Pensée straight* de Monique Wittig, Rich entend problématiser l'hétérosexualité pour la dénaturaliser ; son modèle hégémonique est un problème et ce système est vu comme étant la norme dans laquelle on pousse les individus dès leur enfance à se soumettre, au-delà des désirs considérés comme naturels. D'après Rich, les femmes vivant sous les injonctions du régime hétérosexuel parviennent malgré tout à tisser des liens intimes et sentimentaux entre elles, en évoluant dans ce qu'elle nomme un « continuum lesbien » où s'exprime « un large registre d'expériences [...] impliquant une identification aux femmes ». Et si aujourd'hui certaines personnes usent d'une rhétorique lesbophobe assimilant le lesbianisme politique aux thérapies de conversion, il est en fait un moyen de s'émanciper et de lutter contre les oppressions et surtout les oppressions dans leur vie. Sans forcément devoir sexualiser ses relations avec les femmes, il pousse surtout à relationner avec elles dans tous les domaines : dans ce qui fait famille, dans les amitiés, ou encore dans ce qui constitue un foyer, d'une manière statistique comme théorique. Cette notion de continuum lesbien permet de penser les liens entre féminisme et lesbianisme, tout en explorant les diverses formes de solidarités féminines élaborées au sein des sociétés patriarcales.

28. *Compulsory Heterosexuality and Lesbian Existence*, Adrienne Rich, 1980. D'abord publié sous forme d'article aux États-Unis, il est édité en France en 2010, dans *La contrainte à l'hétérosexualité et autres essais*, aux éditions Mamamelis.

« Toutes les femmes sont blanches, et tous les noirs sont des hommes… »

Lorsque la sphère médiatique française a connu cette prolifération d'œuvres remettant en cause les normes amoureuses, beaucoup de femmes lesbiennes ont cité Adrienne Rich et Monique Wittig pour dénoncer leur invisibilisation dans ce nouveau cadre d'analyse. À raison. Alors que la déconstruction du modèle hégémonique de l'hétérosexualité avait déjà été élaboré par leurs soins, le grand public considère qu'il l'est seulement aujourd'hui… par des féministes hétéros. Ce qui est un comble, quand on sait que Wittig est l'une de celles à l'origine de la théorie du lesbianisme politique. En observant tous les débats présents sur les réseaux sociaux qu'ont provoqué les livres sur l'amour, Monique Wittig semble alors indispensable à une réflexion globale sur les relations hétérosexuelles, surtout pour les femmes hétéros. Sauf que dans « La Pensée straight », Monique Wittig est atteinte du syndrome Delphine Seyrig[29] : elle ne cesse de comparer la situation des femmes (blanches) à celle des « esclaves », et ceci, dès les premières pages. À l'image de Delphine Seyrig sur le travail domestique, elle évoque bien les esclaves noir·e·s, déporté·e·s de pays d'Afrique centrale vers les États-Unis ou dans les Antilles. Au-delà d'une comparaison plus que fallacieuse entre deux systèmes d'oppression certes différents, mais qui sont liés, cette distinction amoindri le sort des femmes auxquelles on a légalement octroyé un statut d'esclaves. Elle amoindrit également sa dimension raciale… Puisque les femmes blanches avaient elles aussi un rôle dans ce système d'exploitation.

29. Concept purement inventé par mes soins. Phrase qui aurait pu être écrite inversement.

Nous étions certes dans les années 1970 lorsque ces pages ont été écrites. Durant cette décennie post-Mai 68, les grilles d'analyse marxistes sont très présentes dans les mouvements de gauche radicale. Par conséquent, le vocabulaire mettant en évidence le rapport de force entre les esclaves et les patrons est légion. Mais partir du postulat que Monique Wittig peut toujours faire partie des penseuses à avoir déconstruit l'hétérosexualité *pour toutes les femmes* est une illusion. Sur Instagram, la militante afroféministe Nana[30] rappelle que cette analogie ne fait que minimiser l'esclavage et son poids traumatique, considérant que seuls les hommes noirs subiraient de la négrophobie et que les femmes noires seraient des femmes qui n'existent pas. Ce que bell hooks[31]: explique dans son ouvrage *Ne suis-je pas une femme ?* :

> « Dans une nation où règne l'impérialisme racial, comme c'est le cas dans la nôtre, c'est la race dominante qui se réserve le privilège d'être aveugle à l'identité raciale, tandis qu'on rappelle quotidiennement à la race opprimée son identité raciale spécifique. C'est la race dominante qui a le pouvoir de faire comme si son expérience était une expérience type. »

Et dans le schéma de la théorie du lesbianisme politique, les femmes noires en particulier et les femmes racisées en général n'existent même pas. Leur humanité est invisibilisée. Et si cette comparaison femmes/esclaves est possible, c'est parce que ces femmes, garantes de la théorie

30. « Édition, lecture, auteur.ices et féminisme - Avec une perspective afroféministe », @angry_afrofem.

31. *Ne suis-je pas une femme ?*, bell hooks, éditions Cambourakis, 2017

du lesbianisme politique, sont confrontées à deux systèmes d'oppression : le patriarcat et le capitalisme. La race, pour elles, n'existe pas.

Elles n'auront donc jamais à choisir entre leur genre et leur race, leur race étant définie comme l'Universel. La théorie du lesbianisme politique décrit les hommes, quelle que soit leur race, comme les premiers oppresseurs, ce qui est plus évident lorsque l'on est une femme blanche. Le séparatisme sans hommes n'a alors de sens comme outil politique que si l'on établit une hiérarchie entre le sexisme et le racisme, le premier arrivant toujours en première position. Tandis que pour les femmes racisées, ce séparatisme est flou. Il est impossible de pouvoir hiérarchiser deux systèmes qui oppressent de manière quasi égale. Mais comme le mentionne le titre du recueil de texte sur le féminisme noir édité par Gloria Hull, Patricia Bell Scott et Barbara Smith, « *Toutes les femmes sont blanches, et tous les noirs sont des hommes* »[32]. Comme si les seules personnes à pâtir du racisme étaient des hommes, et surtout, les seules femmes à pâtir du sexisme étaient blanches. En étudiant le sujet, il apparaît que la déconstruction de l'amour comme source du mal ne pouvait venir que de personnes normées, et surtout, seulement sous le prisme de l'hétérosexualité. Je me demande aussi si nous pouvions discuter du poids qu'ont les relations amoureuses sur nous en tant que femmes minorisées par d'autres champs que celui de l'orientation sexuelle. Est-ce que l'invisibilisation des « autres » (à savoir les femmes qui ne sont ni blanches, ni hétéro, ni bourgeoises, ni citadines, ni valides, ni minces) a lieu justement car nous autres sommes à la marge de ce

32. Citation traduite de l'ouvrage : *But Some of Us Are Brave: Black Women's Studies. All the Women are White, All the Blacks are Men,* Ouvrage collectif édité par Akasha Gloria Hull, Patricia Bell-Scott, and Barbara Smith, Feminist Press, 1982

marché de l'amour ? Car nous-mêmes, femmes racisées, et particulièrement femmes noires, sommes-nous réellement considérées comme des femmes ? Pourtant, à l'image de la théorie du lesbianisme politique, on nous offre des solutions. Du moins, on essaie. Dans *Sortir de l'hétérosexualité*[33], lae militant·e Juliet Drouar nous invite à défaire les normes de genre. À tomber amoureu·se·x de personnes indépendamment du genre. Pour certains, il semble logique que genrer l'amour relève du stupide. Pourtant, on nous apprend dès notre plus jeune âge en tant que filles, puis femmes, à aimer les hommes et seulement les hommes, et à privilégier tout ce qui correspond à la masculinité.

Alors aimer des personnes, et non pas des femmes ou des hommes, semble être logique si l'on n'est pas biberonné·e à la norme de l'hétérosexualité. Néanmoins, il va de soi que dans l'inconscient collectif, ces personnes sont des personnes blanches. Lorsque l'on désigne des personnes, lorsque l'on désigne un universel, en Occident du moins, et en France surtout, il se réfère au visage d'un individu blanc de classe moyenne, hétérosexuel, et chrétien[34]. Quel que soit son genre. Et bien que les personnes racisées puissent être non-binaires, elles restent racisées : c'est-à-dire des personnes censées être non-désirables, dont le désir pour elles est très souvent proportionnel aux fantasmes coloniaux qu'invoquent leur race[35]. C'est-à-dire, proportionnels aux clichés auxquels elles sont soumises en matière de sexe. L'amour étant également un marché, plus une personne sera dénuée du privilège d'avoir le « bon physique » ou la bonne position sociale, moins elle sera désirée, et donc constamment reléguée au bas de l'échelle de

33. *Sortir de l'hétérosexualité*, Juliet Drouar, Binge Éditions, 2021
34. Lire *Universalisme*, de Mame-Fatou Niang et Julien Suaudeau, Anemosa, 2022
35. Voir chapitre 3 qui évoque le fétichisme racial.

la désirabilité. Bien que cette dernière notion ne doive structurer ni nos envies, ni nos pensées, elle reste tout de même une partie écrasante du déclenchement des relations amoureuses. Or, les femmes n'ont pas accès au désir de la même manière, les racisées étant forcément reléguées au second plan, encore plus lorsqu'il s'agit de dépasser la frontière de l'attirance purement sexuelle, de l'ordre du fantasme.

Une femme blanche restera une personne blanche avec tous les privilèges que cela convoque, tandis qu'une femme noire restera avant tout une personne noire, bien avant d'être une femme. Pour ces dernières, les frontières de genre ont souvent été invoquées afin de les discréditer. À cause de la misogynoir[36], beaucoup d'entre elles ont eu à supporter la réduction de leur féminité, voire un total déni. Serena Williams ou encore Aya Nakamura de notre côté de l'Atlantique en ont fait les frais. Constamment comparées à des animaux ou à des hommes – en particulier des footballeurs[37] – leur discréditation physique va de pair avec leur teint : plus il est foncé, plus la femme est vulgaire. Et plus elle est foncée, moins elle est une femme. Un imaginaire qui se perpétue, sur fond de transphobie crasse. Alors si nous pouvons nous affranchir du genre dans le choix de nos relations amoureuses, ce choix restera toujours dicté par une barrière : la race.

...mais certaines d'entre nous sont courageuses »

L'hétérosexisme comme régime politique a également été dénoncé par Audre Lorde, autrice « noire, lesbienne,

36. Forme de misogynie spécifique envers les femmes noires, dans laquelle race et genre jouent un rôle concomitant. Le concept a été inventé par Miya Bailey, féministe noire et queer.

37. Pour une raison que j'ignore.

féministe, poétesse, mère, guerrière »[38]. Par son existence, elle représentait un schéma qui dérangeait dans toutes ces communautés. Elle naviguait dans un espace empreint de féminisme blanc, dans une communauté lesbienne des années 1950 à prédominance blanche, et dans une communauté noire empreinte de masculinité toxique et d'homophobie. Lorde a utilisé toutes ses identités dans son travail, ce qui l'a finalement guidée vers la création de textes et de réflexions incarnant le lesbianisme sous un éclairage analytique que l'on voyait peu à l'époque, et que l'on voit encore très peu aujourd'hui.

Ce qui a éduqué les femmes de nombreuses classes sociales sur ce à quoi les femmes afro-américaines, hétérosexuelles ou non, étaient confrontées. Ses travaux étaient empreints de grille d'analyse intersectionnelle[39] : en tant que femme noire, mère de deux enfants et lesbienne, elle était aux prises entre le sexisme, le racisme et la lesbophobie. Et ceci, de la part d'hommes noirs, d'hommes blancs, et de femmes blanches, mais aussi de femmes noires. Elle cochait quasi toutes les cases du manque de privilèges et de la minorité. Elle faisait donc partie de trois groupes sociaux, femme, lesbienne et noire, et stipulait que ses semblables seraient systématiquement les moins privilégiées, dans chacun des groupes auxquels elles appartiennent. L'un de ses apports théoriques et pratiques majeurs est la critique radicale des féministes américaines blanches de classe moyenne, qui limitent leur réflexion sur l'oppression à la hiérarchie entre les sexes. Audre Lorde invitait en particulier à repenser l'articulation du sexisme, du capitalisme, de

38. *Sister Outsider*, Audre Lorde, éditions Mamamelis, 1984

39. On peut utiliser ce terme a posteriori pour parler de sa pensée, la juriste et professeure Kimberlé Crenshaw ayant conceptualisé l'intersectionnalité en 1989.

l'hétérosexisme, du racisme, du classisme et de l'âgisme. Elle oblige à modifier et renouveler les grilles de lectures féministes, tout en dénonçant l'aveuglement des féministes blanches : cette non-prise en compte des réalités plurielles, des différences entre les femmes, en particulier celles qui évoluent dans d'autres contextes sociaux que les milieux des classes moyennes blanches.

Par ses positions publiques et ses essais, elle met clairement au jour la complexité du phénomène d'oppression : le partage des luttes ne saurait réduire pour autant les autres rapports sociaux. Ainsi, si la lutte des classes ne fait pas disparaître le sexisme, l'homophobie, le racisme, il en est de même pour les luttes féministes qui ne font pas disparaître le racisme, la lesbophobie, l'homophobie, le sexisme, transphobie, le validisme, la psychophobie, la grossophobie, etc. Ses écrits, aujourd'hui, peuvent toujours autant résonner face à la prolifération d'œuvres se voulant déconstruire l'amour. Elle-même est invisibilisée par des nouvelles autrices de l'amour, aujourd'hui comme à l'époque. Sa conclusion a été de co-créer en 1980 la maison d'édition *Kitchen Table: Women of Color Press*, dédiée aux autrices non-blanches minorisées dans les mondes culturel et de l'édition américains.

Si certaines femmes sont invisibilisées dans leur quête pour se défaire de ces normes amoureuses, on en vient à se demander si ces dernières sont accessibles à toutes. Pour qui est-ce considéré comme possible d'envoyer valser l'hétérosexualité comme régime politique ? Il est clair que pour des femmes blanches, de classe moyenne supérieure ou bourgeoise, et citadines, renoncer aux normes est un choix qui, certes, n'est pas forcément facile, mais qui est envisageable. Devenir lesbienne signifie *de facto* abandonner le privilège de l'hétérosexualité et tout ce qui l'accompagne. C'est-à-dire laisser place à de nouvelles discriminations systémiques, s'exposer à des violences lesbophobes dont elles n'avaient pas pleinement conscience auparavant car jamais vécues. Mais renoncer à l'un de leur privilège est envisageable, étant donné qu'elles en ont plusieurs. Si les mieux loties d'entre elles peuvent réussir à s'extraire de l'hétérosexualité, les plus minorisées, elles, le peuvent moins. C'est quasi mathématique. Je ne suis pas sûre qu'une femme noire et précaire puisse « sortir » de l'hétérosexualité de manière sereine. Ou alors elle n'y pensera pas, car elle tentera de survivre aux autres systèmes de domination qu'elle subit d'ores-et-déjà.

Les femmes les plus précaires doivent déjà vivre le racisme, le sexisme, la négrophobie pour les noires, le classisme et le validisme pour d'autres. Les conspuer comme étant des traitresses à la cause féministe car elles sont toujours soumises à l'hétérosexualité est contre-productif, voire cruel.

Les théories imputées à Monique Wittig et à Adrienne Rich me sont personnellement accessibles car j'évolue dans un monde médiatique et militant plutôt citadin, qui a un accès quasi illimité à un champ de recherche littéraire et universitaire. Le fait est que si ces idées sont labellisées comme théories par Witting et Rich, elles le sont surtout car ces femmes ont eu accès à des maisons d'édition pour les écrire. D'autres femmes inconnues ont sans aucun doute théorisé ou vécu ces idées avant, mais n'ont pas eu le privilège d'être étiquetées comme précurseures de ces modes de vie. Même les plus privilégiées d'entre elles ayant eu accès à une maison d'édition ne le sont pas vraiment, mise à part auprès d'une frange de la population considérée comme très éduquée. Et si Audre

Lorde, Monique Wittig, ou encore Adrienne Rich, qui ont vécu aux marges des normes bien avant que l'on popularise leurs idées, ont été invisibilisées dans les écrits plus contemporains, c'est parce qu'elles ne correspondent pas au modèle de femmes les plus normées que l'on souhaite volontiers écouter. Elles ne sont « pas des femmes », ayant vécu aux marges. Mais celles qui peuvent aujourd'hui nous aider à remettre en cause les normes amoureuses, si. Ainsi, elles disposent d'une autoroute face à elles afin de pouvoir être écoutées, car certains discours sont plus audibles lorsqu'ils proviennent de femmes privilégiées. Si nous sommes dans une « révolution romantique », son analyse de la déconstruction de l'amour comme système d'oppression passe systématiquement par le rapport aux hommes et à l'hétérosexualité. Mais très peu par le rapport au validisme, à la classe, ou à la race. Or, en Occident, les relations amoureuses sont intrinsèquement imprégnées de racisme, et ceci, dès qu'une personne racisée fait partie du schéma.

PARTIE II
QUI VEUT DES FEMMES NOIRES ?

Chapitre 3
Au commencement, la misogynoir

Fin décembre 2021, la série *Insecure*[40] d'Issa Rae se clôturait. Durant cinq saisons et une cinquantaine d'épisodes, on pouvait suivre les aventures d'Issa et Molly, deux amies vivant dans la banlieue de Los Angeles, qui pendant plusieurs années ont vécu un lot de déboires amicaux. Issa et Molly sont aussi deux femmes noires, foncées, qui rencontrent de nombreux problèmes amoureux. Ces derniers relèvent du quotidien, du non-désir de l'engagement, mais aussi du racisme ordinaire, et de la différence de classes. Si tous les fans à travers le monde se demandaient comment allait se terminer la série, le dénouement fut particulier : toutes les protagonistes ont eu droit à un *happy ending*. En clair, Issa, Molly et leurs amies vécurent heureuses et eurent beaucoup d'enfants. Cette fin a ravi de nombreuses femmes noires, heureuses de voir qu'une œuvre télévisuelle ne surfe pas sur leurs traumatismes, et accorde du bonheur à des personnages de séries auxquelles elles arrivaient enfin à s'identifier. C'était un bonheur de voir des femmes noires réussir dans le domaine professionnel de leur choix, mais aussi aimer et être aimées pour ce qu'elles sont. Des femmes noires qui ne terminent pas leur vie seule, du moins amoureusement parlant.

40. *Insecure*, de Larry Wilmore et Issa Rae, HBO, diffusée de 2016 à 2021

Mais cette fin en a également déçu plus d'une. Ces critiques pointant du doigt les personnages d'Issa, Molly et Kelly, qui ont eu droit à une fin presque banale, « normative », c'est-à-dire, beaucoup trop lisse, positive, sans drame, et normée. Ce qui sous-entendait que l'arc narratif trouvé à la conclusion de leurs personnages manquait de rebondissements. Comme si elles méritaient une course au traumatisme personnel, dans une série qui a toujours refusé d'en abuser. Pourtant, ces femmes étant noires, cette fin est tout sauf banale. Puisque dans les œuvres sérielles et filmographiques, comme dans la vie réelle, il est rare que les femmes noires aient accès à un schéma amoureux considéré comme normatif et soient des objets de désir – et non de fétichisation. Les relations amoureuses sont fondamentalement structurées par le racisme et, pour le cas spécifique aux personnes noires ou afrodescendantes, à la négrophobie. Ainsi, les femmes noires, qu'elles soient hétéros, lesbiennes ou bies/pans, cis ou trans, vivent l'amour d'abord par un premier sentiment : celui du rejet.

Dans le livre *Survivre au Taf*[41] de Marie Dasylva, la coach en entreprise raconte dès son premier chapitre l'humiliation qu'elle a pu subir étant enfant à l'école. Lorsqu'elle avoue ses sentiments amoureux à un certain Vassili, petit garçon blanc aux cheveux longs, il lui donne un coup de pied, et lui répond : « Je ne peux pas me le permettre, je ne peux pas me le permettre, tu la fermes et tu n'en parles à personne, OK ? ». Une expérience précoce de rejet que nombreuses femmes interrogées ont pu vivre. Une expérience précise de rejet que j'ai pu aussi vivre. Comme un aveu d'une chose qui suivra toujours : aimer et désirer une femme noire

41. *Survivre au taf*, Marie Dasylva, Éditions Daronnes, 2022

représente un interdit, une transgression couplée à une certaine forme de fascination malsaine. Et s'il est vital pour les femmes de questionner leur besoin d'absolument plaire aux hommes, et de se défaire de cette envie construite, il faut aussi prendre en compte que pour beaucoup de femmes racisées, mais surtout noires, la question ne se pose même pas. Elles ne plaisent pas, car Noires.

« Désolé j'aime pas les Blacks » : Hyposexualisation et rejet primaire

« "Moche", "dégueulasse", "guenon", "solide comme du bois d'ébène", "gros boule"... Ces mots, Lydia les a entendus ou lus à différents moments de sa vie. » Dans un article du *Huffington Post*[42], la journaliste Esther Degbe relate l'histoire de cette jeune femme, où elle explique pourquoi elle n'a plus aucune relation avec des hommes. Si, au moment de la publication de cet article, Lydia est en couple avec une autre femme noire, avant cela, elle ne relationnait qu'avec eux. En tout cas elle essayait, puisqu'au collège et au lycée, elle ne pensait pas pouvoir le faire, ou y avoir accès. Car étant noire, elle était disqualifiée. Toutes ces insultes reflètent son non droit à une forme d'humanité dans ses relations interpersonnelles : elle n'était et ne peut pas être un intérêt amoureux. Elle ne peut pas être désirable car elle n'est pas valorisée socialement. Dans le contexte du marché de l'amour, être désirable rassemble un ensemble de caractéristiques positives au niveau physiques et psychologiques qui permettent une attractivité sexuelle. Des caractéristiques qui ne sont socialement jamais imputées aux femmes noires.

42. « Face au racisme, cette femme noire a arrêté de fréquenter les hommes », *Huffington Post*, 3 juillet 2020

Certains ont tenté de le prouver scientifiquement. En mai 2011, un article paru dans la revue très scientifique *Psychology Today* publiait une étude raciste du chercheur Satoshi Kanazawa[43]... Il y avance que les « femmes noires sont statistiquement [...] bien moins attirantes que les blanches, les asiatiques et les amérindiennes ». Une étude, qui, à l'époque, avait été partagée, notamment en France, par le site anciennement nommé Le Plus du Nouvel Observateur[44]. Si le média a remis en cause la crédibilité de cette étude, il l'a tout de même relayée, affirmant que les méthodes de recherches scientifiques sont considérées comme « fiables ». Ainsi, le chercheur en question explique le peu d'attractivité par la présence de testostérone dans l'organisme des femmes noires. « Les Africains [sic] ont un taux moyen de testostérone plus élevé que les autres races [sic] », or « la testostérone étant androgène (une hormone mâle), elle affecte l'attractivité physique » des femmes négativement. « Les différences raciales dans le niveau de testostérone peuvent potentiellement expliquer pourquoi les femmes noires sont physiquement moins attirantes que les femmes d'autres races », écrivait-il. Si cette étude a pu être faite, c'est parce que la thèse du corps des femmes noires ayant moins de valeur que celui des autres est toujours très ancrée. Les femmes noires ne sont pas des femmes, bell hooks l'écrivait bien dans son livre *Ne suis-je pas une femme*, relatant le mépris pour leur existence. Cette étude a été publiée l'année de mes quinze ans. À quinze ans, on romantise l'amour et nos expériences. Beaucoup d'adolescentes ont leurs premières déceptions, leurs premiers

43. "*Why are black women less attractive?*" asks Psychology Today, salon.com

44. « Les femmes noires sont-elles moins séduisantes que les autres ? », leplus.nouvelobs.com, 26 juin 2011

émois et expériences sexuelles. Du moins, cela arrive lorsque l'on est une femme blanche, féminine, mince, valide. L'adolescente que j'étais était laissée sur le carreau. Et l'étude de *Psychology Today* aurait pu influer sur ma propre perception de mon attractivité : c'est-à-dire une attractivité inexistante. Un corps qui sera toujours indésirable en raison de ce qu'il projette, sexuellement ou non. Et ceci est en miroir avec la fétichisation. Depuis mon enfance, j'ai toujours pensé que ma féminité ne m'était pas acquise, mais devait être gagnée. J'ai alors investi dans de nombreux vêtements, crèmes de beauté, ou encore crèmes pour les cheveux, afin de correspondre au maximum à ce que l'on considère être beau et féminin. En clair, à des femmes blanches. Je me suis sentie seule pendant un très long moment, parce qu'avec mes adelphes, nous n'en parlions pas. Et puis j'ai découvert que cette expérience nous était en réalité commune.

Chaque semaine, le *New York Times* publie une chronique hebdomadaire nommée "*Modern Love*" sur l'amour et les relations interpersonnelles. De nombreux témoins y relatent leur histoire. Dans l'une d'entre elles, Lore Yessuf[45] aborde la question d'être désirable, et que toute sa vie, le romantisme ne l'a jamais trouvée :

> « Beaucoup trop de femmes noires apprennent que les fantasmes romantiques ne nous appartiennent pas, que nous ne sommes jamais le premier ou le deuxième ou même le troisième choix de quelqu'un. Que nous devrions nous sentir chanceuses si nous sommes désirées, ce qui signifie vraiment que nous devrions nous méfier. »

45. "*Trying to Feel Love-Worthy (While Working for a Dating App)*", nytimes.com, 17 juin 2020

Le désir romantique est donc pour les femmes noires une question qui va au-delà même des attirances des uns et des autres. C'est une question intrinsèquement politique. Lore Yessuf rapporte dans la suite de sa chronique avoir douté de l'authenticité de sa toute première relation amoureuse. La cause du doute ? L'impossibilité, selon elle, d'être désirée, et encore plus de l'être pour ce qu'elle est. Pour la personne qu'elle est, la femme qu'elle est, et non la femme noire qu'elle est. Une affirmation qui démontre que la frontière entre hypersexualisation et hyposexualisation est très mince. Certains de mes amis et de mes béguins, de toute race, m'ont dit ouvertement qu'ils n'envisageaient jamais une relation amoureuse avec une femme noire, avouant cette vérité cinglante aussi facilement que s'ils indiquaient une préférence pour une saveur de glace. Cependant, les garçons puis hommes que j'ai pu aimer ont accepté mon amitié, mais ne tenaient pas compte de la possibilité de sortir avec une femme qui me ressemble. J'avais donc systématiquement la place d'amie ou de meilleure amie. Un peu comme les femmes noires dans les films et séries télévisées, qui, par le «*black friend trope*», ont durant longtemps été représentées comme des êtres complètement dénués de potentiel romantique. Elles existaient seulement pour faire valoir leurs ami·e·s (blanc·he·s) et leur donner des conseils qui leur permettraient de construire leur vie. Dans un rôle de *care*[46], en somme, soit de la personne toujours présente pour s'occuper des autres, mais jamais vraiment d'elle-même, leur personnage n'ayant ni histoire propre ni profondeur. Et lorsque ces femmes y ont droit, c'est souvent représenté dans la douleur. Du moins, en France. En 2001, France 2

46. Care et Femmes Noires #2 : «Reine Sans Nom», mrsroots.fr/2015/11/08/care-et-femmes-noires-reine-sans-nom, 8 novembre 2015

diffusait en prime time le téléfilm *Fatou la Malienne*[47]. Le résumé : Fatou, Malienne donc, comme nous l'indique ce « brillant » titre, a été mariée de force par sa tante à l'un de ses cousins germains venu du Mali car il fallait se plier à la coutume familiale. Après avoir été violée et séquestrée par ce dernier, elle a pu s'enfuir avec l'aide de sa meilleure amie (blanche) et a rompu les liens avec l'écrasante majorité de sa famille. En cochant toutes les cases des stéréotypes autour des femmes noires, et plus globalement, des familles issues de l'immigration africaine, l'amour est représenté dans la douleur. Plus récemment dans le film *Bande de Filles*[48] de Céline Sciamma, Marieme, jeune fille de seize ans, est battue par son grand-frère après avoir eu sa première relation sexuelle avec un homme (noir). Une violence que son frère explique par la « honte » qu'il subit désormais dans le quartier, Marieme étant devenue sexuellement active. En la frappant, son frère (qui n'a pas de prénom) répète : « Tu as pensé à moi ? ». Des représentations qui présagent que, quelle que soit leur place sociale, les femmes noires françaises doivent embrasser l'amour dans la douleur. C'est la raison pour laquelle se tourner vers des productions anglophones (*Insecure*, *Chewing-Gum*[49]...) permet de nourrir notre imaginaire romantique. Ces femmes y étaient pour l'écrasante majorité désirées et aimées, et pas seulement pour leur race. On peut quand même reprocher à ces séries un très gros défaut : elles sont essentiellement hétérocentrées.

Les dynamiques racistes des normes amoureuses sont forcément très liées aux dynamiques classistes. Les sphères

47. *Fatou la Malienne*, de Daniel Vigne, 2001
48. *Bande de filles*, de Céline Sciamma, 2014
49. *Chewing-Gum*, de Michaela Coel, Netflix, diffusée de 2015 à 2017

universalistes nous disent souvent que la classe efface les oppressions systémiques de race, alors que les deux sont liées de manière indéniable. La race et le genre constituent en eux-mêmes une catégorie sociale à part entière. Si l'on suit cette logique, on supposerait que les femmes noires sont tout de même enfermées dans une classe bien spécifique.

Comme l'a rapporté la chercheure Carmen Diop[50] dans ses travaux, les femmes noires demeurent toujours discriminées au travail, en raison de leur race, et donc de leur classe supposée, plus que celles d'autres racialisations. Cette discrimination ne s'arrête pas aux portes de l'intime. Si les femmes noires sont considérées comme physiquement moins attractives, elles le sont tout aussi socialement, contrairement aux femmes blanches qui représentent forcément un niveau social élevé. Lorsque je lis des récits de femmes noires qui parlent d'amour, que ce soit sur les réseaux sociaux ou dans la presse, il y a toujours un point qui se recoupe dans leurs témoignages : leurs partenaires qui ne sont pas noirs les cachent. Lydia, témoin de l'article du Huffington Post, l'a relaté pour son cas, lorsqu'elle était en école de commerce :

> « Il y avait pas mal de gens qui voulaient coucher avec moi mais toujours sans que ça ne se sache. Donc généralement les mecs venaient me trouver en fin d'année, pendant les dernières soirées ou avant de partir en stage. »

Être associé·e de manière amoureuse ou même sexuelle avec une femme noire est une régression sociale pour les personnes issues des classes moyennes et dominantes,

50. « Les femmes noires diplômées face au poids des représentations et des discriminations en France », Carmen Diop, *Hommes & Migrations*, 2014

quelle que soit leur race. Je ne compte plus le nombre de fois où, dans mon cas personnel, mes partenaires n'assumaient pas d'avoir eu une relation sexuelle ou amoureuse avec moi. Pareillement pour les femmes noires de mon entourage. Et plus on monte dans les classes sociales, plus ce sentiment de régression est fort, le rejet est d'autant plus violent dans la manière dont il est exprimé. Les femmes noires sont celles que l'on baise, les maîtresses, les « putains », l'interdit, celles que l'on cache. Jamais celles que l'on aime, avec qui l'on envisage de construire une relation amoureuse de longue durée, une famille. Jamais celles avec lesquelles le modèle familial nucléaire est enviable. Ceci est énoncé sans l'appui d'aucune preuve ni scientifique ni sociologique, les statistiques ethniques étant interdites en France. Mais qui va s'intéresser à l'amour des femmes noires dans les universités ? Quasiment chaque femme noire de mon entourage, née en France, de ma génération ou celle avoisine, que je connais a une histoire douloureuse de rejet flagrant, pour cause de sa noirceur. La phase de rejet amoureux est le plus souvent présente durant les premières années de notre vie, de l'école maternelle à l'université. Puis vient ensuite s'ajouter à cela la fétichisation par les personnes non-noires, quels que soient leur genre et leur classe sociale.

« J'adore les Black » : Aux origines de l'hypersexualisation et de la fétichisation

Cette transgression que représentent les personnes racisées va forcément de pair avec le fétichisme[51] dont elles font l'objet, quelle que soit leur race, leur genre ou leur orientation sexuelle.

51. Excitation provoquée par leur couleur de peau et les stéréotypes qui en découlent.

Même si je m'intéresse aux personnes noires et particulièrement aux femmes, les autres personnes racisées ne sont pas exemptes de fétichisation. Pour les femmes asiatiques[52], règne le cliché d'une femme prude, douce, et docile[53]. Les hommes eux, seraient dépourvus de toute virilité. Pour les femmes d'origine maghrébine[54], règne le fantasme de la femme soumise, qui devrait forcément être sauvée de ses pairs qui seraient violents, ou la contraindraient à épouser une vie dont elle ne voudrait aucunement ; ou de la « beurette », une femme sur-maquillée, sur-présente, sur-existante. Ce n'est pas un hasard si ce tag se place en tête des plus cliqués sur le site xHamster[55] selon une enquête effectuée par le site pornographique... En tout cas en France. Pour les maghrébins, eux, le cliché est à la violence, à la domination.

Mais revenons aux personnes noires. Pour les hommes, ne disparaît toujours pas la légende du sexe énorme, créé spécialement pour, par exemple, dominer par la crainte les femmes blanches[56]. Une croyance issue de la période post Guerre civile aux États-Unis, appelée la Reconstruction, au XIXe siècle. Les anciens esclaves noirs considérés comme « libres » se devaient de rester à leur place. Il était important dans la société américaine qu'aucune frontière raciale

52. « La geisha, la panthère, et la gazelle », *Kiffe ta race*, 2018

53. « Je suis une femme asiatique et j'en ai marre des hommes qui ne sortent qu'avec des Asiatiques », Grace Ly, elle.fr

54. « Voiler les beurettes pour les dévoiler: Les doubles jeux d'un fantasme pornographique blanc », Eric Fassin et Mathieu Trachman, *Modern & Contempory France*, 2013

55. « "Beurette" : pourquoi la requête pornographique n°1 en France pose question », leparisien.fr

56. « Toujours menaçant après toutes ces années ? L'image de l'homme noir aux États-Unis », Kellina M.Craig-Henderson, *Sexualités, identités & corps colonisés*, 2019

ne soit traversée. Dans le livre *Sexualités, identités et corps colonisés*[57], la psychologue et sociologue américaine Kellina M.Craig-Henderson décrit le phénomène de sexualisation des corps des hommes noirs comme ceci :

> « Jusque-là, la plupart des unions interraciales impliquaient des hommes esclavagistes et leurs esclaves noires, mais la plus virulente réprobation collective concernait les unions entre hommes noirs et femmes blanches. [...] C'est pourquoi la chasteté des femmes blanches devait être protégée des hommes de moindre statut racial pour assurer une séparation claire entre groupes raciaux. Toute forme de relation sexuelle entre une femme blanche et un homme noir était strictement interdite et entraînait les peines les plus sévères. Ce contexte a donné lieu à l'une des représentations centrales de l'homme noir, celle d'un violeur hypersexualisé et sexuellement déviant. »

Encore aujourd'hui, ces clichés ont la vie dure. Continuons toutefois sur les femmes noires, qui sont aussi soumises à des stéréotypes propres. En novembre 2017, un homme de trente ans a été acquitté par la cour d'assise de Seine-et-Marne. Il comparaissait pour le viol sur mineure de Justine[58], jeune fille de onze ans au moment des faits (lui en avait vingt-deux) qu'il a mise enceinte. Pour sa défense, il a invoqué la « chaleur africaine », faisant alors état de la précocité du corps de la fillette. Les jurés ont donc conclu que « la contrainte, la menace, la violence et la

57. *Sexualités, identités & corps colonisés. XVe siècle - XXIe siècle*, Nicolas Bancel et Pascal Blanchard, CNRS éditions, 2019

58. Le prénom a été modifié par la presse.

surprise n'étaient pas établies». La chaleur africaine, une manière politiquement correcte d'évoquer ce que le corps de Justine, et d'autres petites filles noires, représentent : un corps d'adulte, sur-sexualisé depuis le plus jeune âge, qui n'a pas le droit à l'innocence. Et ce corps, à jamais vilipendé pour son existence, subit l'hypersexualisation dont il est imprégné et à laquelle il est condamné, jusque dans les relations interpersonnelles.

Puisque ces relations sont globalement imprégnées de négrophobie, la misogynoir, elle, est encore plus présente, voire souvent la base de leur dynamique. Ce concept de misogynoir a été créé par la chercheuse Moya Bailey[59] en 2012. Il avait d'abord pour but de dénoncer une forme de misogynie spécifique aux femmes noires. Elle prenait comme source notamment les clips de rap américains, dans lesquels les femmes noires sont hypersexualisées, et représentées comme n'étant que des corps nés et faits pour satisfaire un désir sexuel considéré comme non respectable. Tous ces phénomènes font des femmes noires un produit indésirable sur le marché de l'amour. Certes, provoquer du désir et un intérêt amoureux ne devraient pas être les premiers souhaits dans la vie d'une femme. Mais on peut constater que les femmes noires, elles, se doivent particulièrement d'être dignes de cet intérêt (que l'on nous impose), et parfaites afin de pouvoir le susciter. Et si la volonté de vouloir provoquer le désir a été beaucoup documentée[60] ces dernières années, le pan qui concerne la race, beaucoup moins. Comme si la désirabilité de toutes les femmes était acquise, au détriment de ce que l'Histoire a projeté sur les corps de chacune, selon leur racialisation.

59. Chercheure et militante féministe afro-américaine.

60. «Devenir chèvre», *Le Cœur sur la Table*

On trouve des traces de l'hypersexualisation des femmes noires dès le XVIIIe siècle, par la figure de Saartjie Baartman, appelée la Vénus Hottentote en Occident. Saartjie Baartman était une femme sud-africaine issue de la tribu Khoikhoi, dont le corps a été déplacé à travers l'Europe. Sa silhouette, et notamment ses fesses considérées comme hors-normes, représentent l'essence dans l'imaginaire collectif occidental du stéréotype de toutes les femmes africaines aujourd'hui, c'est-à-dire le cliché de la femme noire aux grosses fesses. Elle a été exposée dans plusieurs villes, notamment Paris, tel un animal, durant la décennie 1810. Et ceci jusque dans sa mort : son squelette, son cerveau, mais aussi ses organes génitaux et reproducteurs sont restés exposés au Musée de l'Homme à Paris jusqu'en 1974. Cette exposition a un coupable : un racisme scientifique qui a dépeint son corps comme un excès sexué, avec une réelle fascination pour sa vulve aux lèvres plus imposantes que la normale. Son corps et son attribut étaient considérés comme étroitement liés à sa sexualité. Cet imaginaire accolé à Saartjie Baartman depuis le XIXe siècle colle encore et toujours au corps des femmes noires, et à ce que l'on projette sur elles. Une des nombreuses conséquences de la colonisation, et de ce qu'elle a fait subir aux corps non-blancs. Ainsi, sur le marché de l'amour contemporain, les femmes noires sont des corps en premier lieu. Des corps mis en avant lorsqu'ils perçoivent de la violence, ou bien lorsqu'ils se doivent de représenter une certaine sexualité, le plus souvent considérée comme déviante dans sa forme la plus extrême. Leur (hyper)sexualisation est dénuée de toute respectabilité : elle est sale, dégoûtante, et par conséquent leurs corps seront donc idéaux pour tester sa sexualité.

Dans *Ouvrir la Voix*[61] d'Amandine Gay, film documentaire où vingt-quatre femmes noires francophones témoignent de leur quotidien, elles sont nombreuses à évoquer le fait d'être considérées comme un corps. « Tu es une sorte d'expérience. Pour certains blancs, ou même d'autres hommes d'autres cultures, il y a tout un truc autour de la femme noire qu'il faut tester, sur la sexualité… », raconte Zina, l'une d'entre elles. Elle continue en expliquant avoir eu l'impression d'avoir été « une chose » pour ses partenaires, qui ne sont pas noirs. Comme une continuité à ce que Saartjie Baartman ou les femmes noires sur les territoires colonisés ont pu subir. Toujours dans *Ouvrir la Voix*, l'autrice Laura Nsafou[62] met en évidence un commentaire qu'elle a pu entendre : « "toi, tu dois vraiment être une sauvage au lit" juste parce que j'étais noire. Alors que j'avais 15 ans et que j'étais vierge. » Une expérience quasi commune, lorsque j'ai interrogé des femmes noires pour cet ouvrage. Ceci donc en grande partie car le corps de ces femmes est dénué d'humanité. La performeuse Marie-Julie Chalu[63] remarque que le corps des femmes noires n'est « pas rendu précieux » : « Tu n'es pas rendue précieuse dans ta féminité - dans ton humanité tout simplement. » Des témoignages qui se recoupent, et qui font comprendre que les femmes noires ne sont pas nées avec une féminité qui leur est acquise : elles doivent la gagner. Et la validation de la féminité d'une femme passe par le regard masculin et le degré de sexualisation des corps. Pour une femme noire, cette validation passe autant par un regard masculin que par un regard blanc. La domination blanche étant la seule

61. *Ouvrir la Voix*, d'Amandine Gay, 2017
62. Lire *Comme un million de papillons noirs*, Cambourakis, coll. « Sorcières », 2018
63. Elle est également autrice pour le média afropea.net

référence sur le corps et le sexe, et donc sur la perception que la société a d'autrui.

Sur les femmes noires est projetée une forme de puissance sexuelle et d'animalité, comme un safari pour le corps d'autrui. Elles sont alors privées de toute sensibilité, de tout romantisme, pourtant prêtés aux femmes blanches qui, elles, représentent la douceur et la féminité acceptables. Ces femmes noires représentent pour l'Autre une quête d'exotisme, qui non seulement donnera les moyens de se gargariser d'être progressiste, mais surtout de faire une entrée dans l'interdit. Elles ne sont alors plus considérées dans leur individualité, mais dans leur appartenance à leur groupe réel ou supposé. Quitte à devenir une obsession pour certains hommes, trop contents de sortir comme étendard de leur virilité une femme noire comme partenaire sexuelle.

Sur le réseau social Instagram, la journaliste Esther Bassingha a créé le compte *Femmes noires vs dating app*[64]. Dans ce véritable recueil d'archives, elle poste des captures d'écran de messages que des femmes noires reçoivent sur les applications de rencontre. Un autre compte, s'inspirant du même concept, *Personnes racisées vs Grindr*[65], qui relate des témoignages d'hommes racisés sur l'application de rencontres gay, a par la suite lui aussi été créé. Sur le premier compte, on observe des personnes ne souhaitant absolument pas rencontrer de femmes noires. Mais on peut surtout y lire un grand nombre de témoignages attestant de la fétichisation de leurs corps, et de ce qu'elles représentent. On peut par exemple observer que lorsque l'utilisatrice

64. www.instagram.com/femmesnoiresvs_datingapps

65. www.instagram.com/pracisees_vs_grindr

d'une application de rencontre donne ses origines congolaises et camerounaises, son interlocuteur lui répond qu'elle « doit être une bête au lit ». Une autre, qui venait tout juste de matcher avec un certain Benjamin, se voit directement rétorquer qu'il a « le fantasme de coucher avec une femme noire, ça l'excite tellement… » Un autre encore parle « d'expérience black », comme si cette femme n'était justement pas une femme, et encore moins une personne, mais plutôt une chose, quelque chose qu'il aurait aimé tester.

Bien évidemment, je me retrouve dans ces expériences vécues, communes aux femmes noires hétéros. Il nous est quasi impossible de penser une relation amoureuse ou même un simple rendez-vous sereinement, car c'est comme pour les entretiens d'embauche : nous ne savons pas sur qui nous allons tomber. Nous ne saurons pas si la personne en face de nous veut bien de nous, se servira de nous pour assouvir son quota diversité, nous fétichisera ou alors sera complètement dégoutée. D'après Sarah Adeyinka-Skold, sociologue américaine qui a étudié[66] les vies amoureuses via les applications de dating de cent-onze femmes diplômées du supérieur, issues de toutes les races supposées, les personnes qui s'inscrivent sur ces sites espèrent y trouver une neutralité qui n'existe pas. En d'autres termes, le racisme vécu dans la vie amoureuse réelle est transposé de manière identique en ligne.

> « On imagine que la technologie est neutre, mais les algorithmes qu'utilisent ces applications sont créés par des êtres humains. Et c'est pour cette raison qu'ils ne peuvent pas être neutres. Ces applications finissent donc par refléter les mêmes choses que l'on peut observer dans la société. »

66. *Dating In The Digital Age: Race, Gender, And Inequality*, Sarah Adeyinka-Skold, 2020

C'est ce qu'elle explique dans une interview accordée à la podcasteuse Francesca Hogi[67]. Un reflet tel qu'en 2014, le site de rencontres OkCupid révélait que les femmes noires était la catégorie d'individus considérée comme la moins désirable et donc la moins sollicitée sur l'application de rencontre. Et si aucune statistique notable ne peut en attester, il n'existe quasi aucun entre-deux entre l'hypersexualisation et la non-sexualisation des femmes noires. La remise en question de la quête de féminité et de vouloir plaire pour satisfaire une quête d'amour a beau être considéré comme universelle pour les femmes, elle ne l'est pas pour les personnes noires racisées ou minorisées. Ces visions hypo ou hypersexualisées des femmes noires ont une incidence sur leur amour romantique. Comment déconstruire les relations amoureuses s'il n'y a quasi aucune possibilité de construire une relation saine ? Considérer que la recherche du prince charmant est une chose qui nous est inculquée à toutes, depuis l'enfance, serait mensonger. Car il faudrait convenir que le prince charmant daigne seulement nous considérer comme des femmes respectables, ce qui n'est pas le cas.

67. Sarah Adeyinka-Skold, "*Racism and misogyny in digital dating*", Episode 20, Francesca Hogi, soundcloud.com

Chapitre 4
L'amour noir, forcément politique ?

Dans la majorité des cas, les filles puis femmes ont toujours été élevées dans l'optique d'avoir comme amour un homme. De tomber amoureuse d'un homme, d'épouser un homme, de faire des enfants avec un homme, comme si cette destinée constituait un salut, une garantie d'être ce que l'on considère comme une femme respectable et respectée. Une propagande de l'hétérosexualité pour les petites filles. Mais pour les filles noires pas seulement : c'est également une propagande de la blanchité. Comme si notre salut, en plus de devoir épouser un homme en bonne et due forme, devrait se trouver du côté des hommes blancs. Et ceci, pour s'élever socialement. En tant que femme racisée, être en ménage avec une personne blanche serait une élévation sociale, car l'homme blanc hétérosexuel incarne la caste la plus privilégiée de notre société. Par conséquent, s'enticher de cette catégorie de personnes et se voir validées par ces derniers lorsque nous sommes au plus bas de l'échelle du désir est une idée qui peut séduire. Les hommes blancs sont censés apporter de la stabilité, de l'amour, du vrai, du romantisme, de l'importance, et surtout une ascension sociale.

Les Noirs ayant grandi en Occident, et dans le contexte que j'évoque, en France, ont été contraints à survaloriser la blanchité au détriment de leur négritude. C'est l'une des nombreuses conséquences du racisme intériorisé, soit lorsqu'une personne racisée assimile les préjugés et stéréotypes contre son propre groupe racial[68]. Ceci pousse les Noirs à devoir renier une nouvelle fois leur identité car elle ne vaut pas d'être pérennisée. Dans sa thèse sur les stéréotypes imputés et intégrés par les Noirs, la docteure en psychologie sociale et psychologue spécialisée sur les questions de racisme Racky Ka-Sy[69] met en évidence que les croyances positives et valorisantes associées aux Blancs vont de pair avec les croyances négatives et dévalorisantes imputés aux Noirs. Ainsi, ces mêmes croyances auraient un impact sur la manière dont nous traitons les informations, sur nos attitudes avec les préjugés et sur nos prises de décisions, que ce soit les discriminations, les traitements injustes et inégaux dans tous les domaines de la vie quotidienne, et également en amour.

Par conséquent, les relations amoureuses des femmes noires sont toujours sujet à des discussions, à une surveillance accrue, autant au sein des communautés noires que dans les autres. Et quel que soit leur choix, le problème est toujours là : leurs relations amoureuses sont imprégnées de racisme et sexisme, peu importe les stratégies d'évitement instaurées dans leur relation. Politiser l'amour devient alors inévitable pour les femmes noires, une politisation qui va bien au-delà du partage du travail domestique au sein du foyer ou de la contrainte à l'hétérosexualité. Elle touche à leur essence, car par leur simple existence, elles dérangent les personnes avec qui elles sont susceptibles de relationner.

68. Lire *Peau noire, masques blancs*, Frantz Fanon, 1952

69. *Menace(s) du stéréotype et perception de soi: Comment modérer l'impact des réputations négatives sur les membres des groupes stéréotypés? Le cas des femmes et des Noirs de France*, thèse de Racky Ka-Sy, 2013

Elles sont scrutées, commentées, voire même parfois utilisées pour servir à une certaine propagande. Puisque certains ont comme partenaire de vie une femme noire, ils ne peuvent alors être racistes. Ils sont plutôt « ouverts » à ce que l'on appelle la diversité, et revendiquent le fait de n'être pas comme les autres, et d'accepter « la différence ». Comme une fierté, cela est brandi comme un étendard du progressisme.

Les couples mixte, faux sauveurs de l'humanité

En février 2022, France 2 consacrait une soirée entière à évoquer la condition des noirs en France[70]. Dans un documentaire éponyme réalisé par l'écrivain franco-congolais Alain Mabanckou et diffusé en première partie de soirée, la chaîne a tenté un état des lieux. Que veut dire naître et grandir dans un pays qui tolère le racisme ordinaire, les violences policières ou les publicités ordurières ? Si le documentaire partait d'une bonne intention, il en est arrivé à rejouer de nombreux poncifs qui ne loupent jamais depuis maintenant plusieurs décennies : la République aimera toujours les Noirs quoi qu'ils endurent. Mais surtout, les couples mixtes et le métissage finiront par éradiquer le racisme. Une bonne partie du documentaire se consacre à ce que l'on appelle à tort et à travers le couple mixte, c'est-à-dire un couple composé de deux personnes aux religions ou/et couleurs différentes. Dans le documentaire, plusieurs sont présentés, dont ceux du musicien Soprano et de Jean-Pascal Zadi, réalisateur. Ce sont deux hommes noirs, mariés à des femmes maghrébine ou blanche. Durant toute une séquence, ils expliquent entre autres

70. *Noirs en France*, d'Alain Mabanckou et Aurélia Perreau, 2022

choses qu'il y a eu ces dernières années une forte évolution du nombre de couples mixtes dans la société. Pourtant, l'INED a montré qu'en 2020, les mariages mixtes ne représentaient que 16 %[71] des mariages célébrés en France, ce qui reste peu. Mais ils sont surreprésentés lorsqu'il s'agit d'évoquer les couples impliquant au moins une personne noire en France.

Les deux artistes expliquent donc que, certes, vivre dans un schéma de couple mixte n'est pas un remède au racisme. Le racisme peut être présent autant de la part de l'entourage de son partenaire blanc que de son propre partenaire. Néanmoins, ils mettent en évidence l'évolution que constituerait la prolifération de couples mixtes : ils seraient des marqueurs d'une société en pleine évolution, où le métissage est de plus en plus présent. Le métissage constituerait alors un espoir afin que le racisme et la place des Noirs en France puissent évoluer favorablement.

Rien que ça[72].

D'une part, le schéma du couple mixte mis en évidence dans ce documentaire représente exclusivement deux hommes noirs. Encore une fois, les femmes noires n'existent pas dans cette représentation du « vivre ensemble » et de l'évolution des sociétés dans le rapport entre l'amour et la race. D'autre part, le mentionner à l'aune de 2022, comme s'il n'existait pas de violences racistes au sein même d'un couple est naïf. Cela voudrait dire que les personnes racisées en couple mixte seraient donc immunisées contre le racisme, de par leur choix amoureux. Or, selon Robin Zheng, professeure de

71. Combien y-a-t-il de mariages mixtes en France ?, INED, 2020

72. Dans les années 1980 régnait en France un mythe sur la mixité sociale ou encore amoureuse, afin de pallier au passé colonial.

philosophie à l'origine d'un article sur le fétichisme dont les Asiatiques font l'objet[73], penser cela, c'est « ignorer la nature historique du traitement différencié basé sur des phénotypes racialisés ». Ceci, même dans la sphère la plus intime qui soit.

Pourtant, le couple mixte est depuis toujours symbole d'une certaine évolution des mœurs, il est un symbole de modernité progressiste par rapport à la période coloniale. Comme une transgression aux règles sociales et raciales établies, mais qui sont désormais acceptables et acceptées. Une trilogie cinématographique en a même été créée pour montrer à quel point il est synonyme de vivre ensemble : *Qu'est-ce qu'on a fait au Bon Dieu ?*[74] Quatre femmes blanches de bonne famille ont décidé d'épouser chacune un homme juif, maghrébin, asiatique et noir. Une publicité Benetton[75] sur grand écran, où seuls les hommes racisés et les femmes blanches sont des objets de désir. On le voit bien dès le premier film : malgré cette famille folklorique, le racisme existe encore, mais attention, toujours avec « humour » ! Côtoyer des hommes de cultures différentes permet une ouverture d'esprit. Et bien évidemment, une nouvelle fois : les femmes noires n'existent pas. Le deuxième volet, lui, a mis en scène le personnage d'une femme noire lesbienne amoureuse d'une autre femme noire, où leur histoire n'était que très secondaire (alors que la plus intéressante). Les aventures des protagonistes hommes étaient centrales.

73. *Why Yellow Fever Isn't Flattering: A Case Against Racial Fetishes*, Cambridge University Press, Robin Zheng

74. *Qu'est-ce qu'on a fait au Bon Dieu?* de Philippe de Chauveron, 2014

75. En 1984, l'enseigne de vêtement a lancé une campagne publicitaire où chaque mannequin était de race supposée différente. Progressivement, les publicités Benetton deviennent des références en matière de diversité dans la mode durant les années 1980.

Mettre en avant un couple de femmes noires aurait beaucoup trop brusqué le public. Trop communautaire, trop dérangeant, encore plus lorsqu'il représente deux femmes lesbiennes. Car ceci brouillerait le besoin d'identification du spectateur à l'œuvre : s'identifier face à l'histoire d'amour d'un couple hétéro noir serait compliqué. S'identifier à l'histoire d'amour d'un couple de femmes noires serait impossible. Comme si ces schémas n'existaient pas, car invisibilisés par le fantasme et la valorisation du couple mixte. Cette dernière figure peut aussi, même avec toute la bonne volonté du monde, dévier vers un racisme ordinaire qui est difficile à dénoncer. Dans l'article du Huffington Post[76] précédemment cité, Lydia explique devoir sortir désormais uniquement avec des femmes noires. Pour celles qui sont toujours hétéros, et qui ne peuvent « sortir » de l'hétérosexualité comme comme certain·e·s nous le conseillent[77], on pourrait penser que la solution pour vivre un amour avec des violences réduites résiderait dans l'amour noir. Mais il n'en est rien.

« Tout est noir sauf nos meufs »

Un soir de janvier 2016, je me souviens m'être connectée à Twitter, avoir vu en top tendances un hashtag qui reste gravé dans la mémoire des noirs présent sur ce réseau social : #ToutEstNoirSaufNosMeufs. Durant plusieurs heures, de nombreux hommes tweetaient et retweetaient à quel point jamais au grand jamais, les femmes noires ne les attireraient, voire mériteraient leur attention. Comme

76. « Face au racisme, cette femme noire a arrêté de fréquenter les hommes », *Huffington Post*, 3 juillet 2020

77. En référence à *Sortir de l'hétérosexualité*, Juliet Drouar, Binge Audio, Coll. « La Table », 2021

l'explicite bien ce tag, tout est noir, sauf leurs copines. Et si des hommes de chaque race prenaient un malin plaisir à écrire leurs meilleures blagues, celui-ci a été créé par un homme noir, du pseudo de Sao Tao. Nombre de ses homologues se sont amusés à afficher leur répulsion pour les femmes noires de manière significative, voire revendicative. Dessus, tous les lieux communs habituels que les femmes noires ont l'habitude d'entendre sur les réseaux sociaux y étaient. Ils estimaient ne pas vouloir de « Fatou[78] », de Niafou (mot qui vient du Bambara, langue parlée au Mali et signifie « dérangé(e) », communément utilisé pour désigner une femme noire qui serait trop maquillée aux allures vestimentaires provocantes), de noirte (terme pour désigner des femmes très foncées de peau)[79], ou de footballeur comme compagne, flirtant avec la transphobie selon le degré de colorisme. Si les couples mixtes ne sont pas un espace sécurisé pour les femmes noires qui désirent encore vivre l'amour hétérosexuel, le couple noir ne l'est pas forcément beaucoup plus : les femmes noires sont victimes de la misogynoir des hommes, quelle que soit leur race. Des insultes et stéréotypes transformés en chanson créées à des fins moqueuses, comme *Rihannon* ou *Beyoncé Coulibaly* chantées par le musicien Mokobé, homme noir. Les paroles et clips mettant en évidence à quel point les femmes noires françaises – issues des classes populaires – seraient vulgaires. Nous n'avons jamais été des objets de désir ou dignes d'être aimées. Nous n'avons jamais été la cible amoureuse des individus, car dans l'inconscient collectif, l'amour n'est pas pour nous. Tous ces exemples énoncés montrent à quel

78. « Je m'appelle Fatou, ça vous pose un problème ? », *Huffington Post*, 1er juillet 2016

79. « Hommes noirs, femmes noirtes : une misogynoir née avant la honte », mrsroots.fr, 15 mai 2015

point les femmes noires, aux yeux de certains, ne méritent aucunement d'être aimées pour ce qu'elles représentent. Que ces représentations soient empreintes de stéréotypes ou non. Elles révulsent. Et se moquer d'elles garantit un sentiment d'appartenance au groupe dominant : si l'on se distingue des femmes noires, on est socialement valorisé.

Et si on élève les filles pour qu'elles soient désirées par les hommes, on élève les individus, et surtout les hommes noirs, pour qu'ils ne désirent pas les femmes noires. Car ici aussi, pour les hommes noirs, se mettre en couple avec une femme noire est une régression sociale, qu'importe leur classe sociale d'origine. Les femmes noires représentent inexorablement les classes populaires, celles qui sont méprisées, dans un classisme crasseux. Dans l'article « Images de la femme noire dans l'Amérique contemporaine[80] », la sociologue américaine Patricia Hill Collins explique comment les stéréotypes sur les femmes noires ont été utilisés à des fins de domination d'une classe sur une autre, avant d'être repris et alimentés par certains hommes noirs. D'après la sociologue, l'origine de ces stéréotypes se trouve dans le discours colonial, assimilant les personnes noires à des animaux sauvages. Après la lutte pour les droits civiques aux États-Unis, ceux qui ne pouvaient plus se rattacher à la notion de race se sont reportés sur des différences de classes, opposant peu à peu les noirs pauvres issus de la classe ouvrière à ceux de la classe moyenne. Et dans les années 1980 à 1990, cette nouvelle construction a eu pour effet de modifier ce qui représentait l'idéal de la masculinité et celui de la féminité pour les personnes noires. L'idéal de la féminité étant si possible une femme claire, mince, valide, capable de mettre entre parenthèses sa carrière pour correspondre

80. « Image de la femme noire dans l'Amérique contemporaine », Patricia Hills Collins, 2011

à cette notion de *care* pour son partenaire. Une femme qui n'est pas seulement une compagne mais aussi une mère, docile, capable de respecter ce que les communautés noires attendent d'elle. Elle ne peut finalement correspondre aux canons de beauté car elle est enfermée dans cette histoire de mère. Une image qui condamne sa représentation en tant que femme désirable, sensuelle, et romantique. Et en même temps, un couple de personnes noires est éminemment politique. Leur représentation dans un espace si hostile à leur existence dérange. Pourquoi s'unir entre personnes noires alors que le métissage existe ?

Dans les séries destinées à un public afro-américain, on peut citer *Ma Famille d'abord*[81], *Le Prince de Bel-Air*[82], ou encore *Black-ish*[83], les couples noirs sont une évidence. Destinées à un public afro-américain, ces sitcoms communautaires n'ont alors aucun problème d'identification, considérées comme des œuvres pas forcément grand public. Dans les séries plus dramatiques, les couples noirs représentent quelque chose d'assez singulier. Dans les exemples les plus récents, on peut compter celui de Randall et Beth Pearson dans la série *This is Us*[84], qui est un emblème de ce que l'on appelle le « *black love* ». Cette notion est issue de la thèse de Akinyele O. Umoja, professeur des études afro-américaines à l'université de Géorgie qui, en 2011, publie *Black Love Is a Revolutionary Act*[85] où il défend la thèse d'un amour noir. Cet amour, qui a été persécuté d'abord par la loi avec l'interdiction des mariages d'esclaves, a

81. *Ma famille d'abord*, de Don Reo et Damon Wayans, ABC, diffusée de 2001 à 2005
82. *Le Prince de Bel-Air*, de Andy et Susan Borowitz, NBC, diffusée de 1990 à 1996
83. *Black-ish*, de Kenya Barris, ABC, diffusée de 2014 à 2022
84. *This is Us*, de Dan Fogelman, NBC, diffusée de 2016 à 2022
85. *Black love is a revolutionary act*, Akinyele O. Umoja, Trojan Horse Publishing, 2011

ensuite été empêché par l'incarcération massive de pères de familles lors de la grande répression contre la drogue dans les années 1990-2000 aux États-Unis. Mais aussi par les médias et la représentation des hommes afro-américains comme infidèles, instables, violents. Le *black love,* ici, ne se définit donc pas seulement dans le cadre d'une histoire d'amour entre deux personnes noires. Il célèbre une revalorisation de la communauté afro-américaine, une identification et une réappropriation d'un amour qu'elle n'avait pas le droit de célébrer quelques siècles plus tôt. Il transforme le couple face à l'oppression sociale et raciale, il devient un havre de paix, un refuge.

Néanmoins, quasi tous ces couples hétéros labellisés *black love* à l'écran ont un point commun : la femme est toujours plus claire de peau que l'homme. On ne verra jamais ou très peu de femme foncée être la protagoniste amoureuse. C'est ce que l'on appelle le colorisme, discrimination qui consiste à favoriser les personnes les plus claires d'une communauté racisée. Si les femmes noires doivent être représentées comme de véritables sujets amoureux, et surtout si leur partenaire est également noir, elles sont automatiquement claires de peau. Celles-ci, plus proches des standards des femmes blanches, représentent des trophées pour les hommes, en particulier noirs. Alors que les femmes les plus foncées sont renvoyées à une bestialité, donc une indignité. Néanmoins, la série *Insecure* a changé la donne sur ce point, mettant en avant des femmes noires foncées de peau qui avaient des relations saines avec leur partenaires. Mais cela reste les États-Unis.

En France, les choses bougent doucement. Si dans les années 2000 et début 2010, le *black love* était « représenté » par le mariage forcé dans *Fatou la malienne* ou alors de manière interdite dans *Bande de Filles*, de récentes productions ont montré à voir une représentation inédite. Dans le film puis la série *Il a déjà tes yeux*[86], on pouvait voir Aissa Maiga et Lucien Jean-Baptiste filer le parfait amour.... avec un enfant blanc. Ou bien dans *Ima*[87], le chanteur Dadju s'entiche de l'actrice Karidja Touré, déjà vue dans *Bande de Filles*. Mais cette intrigue se déroule à Kinshasa, en République Démocratique du Congo. Cela rentre alors dans les représentations de l'amour noir en Afrique centrale, donc dans ce qui est considéré comme l'amour « normal ». Il y a toutefois y a eu une petite révolution : dans la série *Drôle*[88], le couple représenté par Aissatou, humoriste, et Vladimir, professeur, s'aimant et parents d'une enfant (un peu trop claire) a constitué un événement : le fait est qu'il est quasiment impossible de voir deux personnes noires s'aimer de manière banale. Néanmoins, cette série a été annulée après une saison.

L'intériorisation du racisme est telle qu'une personne noire, et surtout une femme, comme sujet amoureux est quasiment exceptionnelle. On ne pense pas la femme noire comme une femme amoureuse. Donc elle n'est pas sur les écrans. Ce n'est pas pour rien que les femmes noires sont vues comme des « soeurs ». Elles sont d'ailleurs appelées « sœurs » au sein de au sein même des communautés noires. Certains hommes noirs qui refusent le couple avec elles disent qu'elles font partie de leur famille, quand ils ne les insultent pas sur les réseaux sociaux.

L'amour ne se résume pas à tomber amoureux de quelqu'un pour ensuite se poser des questions sur la

86. *Il a déjà tes yeux*, de Lucien Jean Baptiste. Film en 2016, série en 2020
87. *Ima*, de Nils Tavernier, 2022
88. *Drôle*, de Fanny Herrero, 2022

compatibilité avec son féminisme. Il faut également se poser des questions sur la compatibilité avec sa race et son anti racisme. Si le patriarcat structure les relations hétérosexuelles, le racisme les structure également. La préférence amoureuse, comme on aime l'appeler, étant elle aussi intégrée dès l'enfance du fait d'une propagande incessante. Et si j'évoque autant la notion de désirabilité dans cette partie, elle ne doit structurer ni nos envies, ni nos pensées. Elle ne sert que d'élément marqueur de l'inégalité entre les femmes dans l'accès à l'amour et à ses prémices. L'autrice Fania Noël explique dans son ouvrage afroféministe[89] que le besoin de désirabilité est tellement inexistant pour les femmes noires qu'elles doivent s'en défaire :

> « Vouloir être désirée, désirer le désir, ne sont pas l'objet de notre contrepolitique. L'objet de notre contrepolitique est "par qui" nous voulons être désirée. [...] Notre contrepolitique vise à remettre en question l'hégémonie masculine et bourgeoise sur la division entre celles et ceux qui peuvent être choisis et celles et ceux qui doivent attendre d'être choisies. »

89. *Et maintenant le pouvoir. Un horizon politique afroféministe*, Fania Noël, éditions Cambourakis, 2022

PARTIE III
LES OUBLIÉES DE L'AMOUR

Chapitre 5
Femmes pauvres, femmes passives

Que veut-dire tomber amoureuse lorsqu'on est originaire d'une classe populaire ? Lorsqu'on a grandi en banlieue ? Les femmes issues des classes sociales les moins privilégiées sont en effet très peu représentées, voire absentes, lorsqu'il s'agit de parler d'amour. Mais si l'on souhaite le réinventer, il faut pourtant prendre en compte que pour certaines, ce n'est pas seulement une question philosophique : c'est également une question de survie. Car la dépendance émotionnelle peut aussi être une dépendance économique. Or souvent, ces femmes n'existent dans l'amour que par la représentation de violences qu'elles peuvent subir. Elles ne sont jamais actrices de changements, mais toujours figurantes.

Si le féminisme contemporain nous pousse à nous questionner sur de nombreux pans de nos vies intimes et amoureuses, ces œuvres n'incluent pas toutes les femmes. Si d'une manière globale, la race tend de plus en plus à être considérée par les personnes concernées (et quasi uniquement par elles), ou par les plus dominantes dans une (fausse) volonté d'inclusion, il reste un angle mort lorsqu'il s'agit de disséquer les rapports à l'intime : la classe. *De facto*, lorsque l'amour est décortiqué, analysé, et ses mécanismes remis en cause, si l'on tente de prendre en compte les disparités de classe, c'est souvent entre les hommes et les femmes. Mais on oublie qu'il existe également des disparités entre femmes. Non seulement ces disparités montrent que les femmes n'ont pas un accès égalitaire à l'amour et à son marché, mais de plus, elles poussent certaines à embrasser des schémas amoureux qui ne leur conviennent pas, voire qui leur sont dangereux.

Plus tôt, j'ai évoqué le profil de celles qui ont pu s'exprimer sur l'amour et le couple, et qui sont celles qui ont eu la possibilité de pouvoir remettre ce dernier en question. Des profils de femmes assez similaires, d'un milieu très distinct, presque compact. Par conséquent, celles qui ont été exclues de ces réflexions le sont également de ces œuvres. Des femmes précaires, issues de classes populaires ou moyennes, souvent racisées, pas forcément valides… Étant moi-même noire issue de la classe moyenne, ayant grandi en banlieue parisienne, il m'a été presque impensable de me reconnaître dans les dynamiques principales qui en sont ressorties. Étant noire, donc considérée de fait comme issue de la classe populaire, il a été plus que difficile de comprendre l'ébullition autour de ces productions. N'étant pas la cible principale car ne représentant pas l'idée de l'universel, il était impossible d'y lire, d'y écouter, d'y connaître ou d'y reconnaître les dynamiques décrites. Car il va de soi que dans certaines représentations de l'inconscient collectif, les femmes issues de classes populaires ne vivent pas l'amour : elles le subissent.

Le romantisme, c'est pour les riches ?

Lorsqu'on vit au bout du RER C, il n'est pas si simple de trouver quelqu'un·e, de se rendre dans un café, de rencontrer une personne dans la rue. Oui, en banlieue, la vie peut être banale, pas forcément ponctuée de drames, d'insécurité, de deals ou de « tournantes » si souvent mentionnés. Des ados qui vivent et tombent amoureux, des jeunes qui tombent amoureux... des adultes qui vivent et tombent amoureux. Mais cet amour est lui aussi conté par des personnes qui ne l'ont jamais vécu dans cet environnement. Il est raconté d'un point de vue dramatique, les rares fois où il est montré ou évoqué dans son aspect le plus réaliste possible. Tomber amoureuse quand on vit au bout du RER n'est pas la même chose que lorsqu'on a connu toute notre socialisation dans le 11e arrondissement de Paris.

Vers mes 13 ans, j'ai découvert le film *LOL*[90] de Liza Azuelos au cinéma. Il suit les péripéties d'une adolescente blanche de seize ans, Lola, vivant dans le 16e arrondissement de Paris, ayant des problèmes d'amour qui semblent quotidiens. On y voit aussi sa bande d'amies (blanches) qui découvrent leur sexualité, les frontières (ou non) entre sexualité et amour, ou encore la rivalité féminine. Elles découvrent les premiers flirts, les premiers coups de cœur, les premiers amours. À l'époque, j'ai rêvé devant ce film d'avoir une adolescence similaire, où l'on prend des cafés après les cours, où l'on tombe amoureuse au détour d'un regard sur le quai du métro, et où le moindre de mes faits et gestes dans la rue ne serait pas observé par une tantine amie de ma mère. Bref, *LOL*, c'était le rêve pour l'amoureuse de l'amour que j'étais ado, un certain fantasme de ce que devrait être cette période de ma vie. À treize ans, je ne comprenais pas du tout les dynamiques de classe et ne comprenais que très peu les dynamiques de race. Ne pas m'y voir me paraissait plus que normal, le cinéma de la fin des années 2000 étant encore moins représentatif qu'aujourd'hui. Observer ces

90. *LOL* de Liza Azuelos, 2009

filles très privilégiées tomber amoureuses n'était pas révolutionnaire : elles étaient partout. Elles représentaient l'idée d'une certaine jeunesse, celle qui se découvre, dont les erreurs ne sont que des expériences. Une jeunesse citadine qui incarne une certaine blanchité, emblématique d'un capital culturel légitime.

Ainsi, une quinzaine d'années après sa sortie, le film est devenu culte pour toute une génération. Il en appelle aux souvenirs d'un âge où tomber amoureuse se faisait à l'école, ou alors en se rendant dans le café du quartier. Comme si le personnage de Lola et la nostalgie que provoquaient ses tumultes nous représentaient toutes. Sauf que non. J'avais beau avoir été éduquée par la société entière à rêver qu'un Maël tombe amoureux de moi, il n'en était rien. Nous n'avons pas toutes eu l'occasion de faire nos premiers rendez-vous dans le café du coin, tout simplement parce qu'il n'y avait pas forcément de café du coin. Dans mon cas, il y avait plutôt un kebab, ce qui n'a jamais été considéré comme lieu de romantisme. Le prix de la sociabilité amoureuse constituait une barrière infranchissable. Celui d'un ticket aller-retour en RER qui peut avoisiner les quinze euros, sans parler du prix d'un repas au restaurant. Tout ceci constitue un frein financier lorsque l'on est adolescent en banlieue, et particulièrement lorsqu'on est une personne issue d'un milieu précaire.

Ainsi, face aux lectures et écoutes de podcasts sur l'amour, et sur comment mieux le réinventer, moi, comme d'autres semblables, avions l'impression de rater une marche, ou plutôt au contraire, que ces productions rataient la nôtre : décortiquer les normes amoureuses pour celles qui courent après le dernier bus pour rentrer chez elles.

On a pourtant essayé d'analyser l'amour en banlieue, ou plutôt la souffrance, le drame, voire la honte. Le romantisme et l'amour n'atteignent de toute manière pas les femmes de ces territoires, car elles n'existent pas. On imagine qu'elles le subissent, que leur couple n'est qu'amourette, un moyen pour elles de ne pas être seules, ou encore une relation forcée ou forcément décriée. Cela rappelle également comment la figure de la femme immigrée africaine[91] endure ses relations, vu la porosité entre la race et la classe dans de très nombreux contextes. Et pour cause, de nombreuses études ont dépeint les relations amoureuses en banlieue comme d'abord des rapports qui définissent un « ordre du genre ». Dans *Les jeunes et l'amour dans les cités*[92], la sociologue Isabelle Clair y décrit ce concept inspiré des travaux de Pierre Bourdieu et Judith Butler. L'autrice décrit une injonction qui serait double pour les filles et les garçons. Pour les filles, elles doivent de manière visible appartenir à la catégorie sociale « fille » et épouser une position de personne dominée. Les garçons, eux, doivent appartenir de manière claire à la classe sociale « garçon », et forcément se placer dans une position dominante : c'est ce qu'Isabelle Clair ou d'autres sociologues nomment l'« ordre du genre ».

> « [L'ordre du genre] détermine les droits et les devoirs sociaux attachés à chaque sexe [... et] engendre une distribution genrée de l'amour [...] : l'opposition entre les sentiments et la sexualité est omniprésente dans les représentations des jeunes, et elle recoupe naturellement la séparation des sexes. [...] Si les filles sont du côté des sentiments (elles ne sauraient être du côté du

91. Expliqué dans le chapitre 3.
92. *Les jeunes et l'amour dans les cités*, Isabelle Clair, Armand Colin, 2008

> corps), les garçons sont nécessairement, eux, du côté du corps. Investissements complémentaires qui rendent inimaginable à chaque sexe que l'autre puisse investir le pôle qui ne lui revient pas de droit ou de nature ».

Et si cette enquête sociologique de terrain dépeint une certaine réalité, cette analyse de genre ne montre pas les interstices de ce que serait l'amour et sa déconstruction sur ces territoires. Les premières personnes concernées ont peu de place dans les récits les plus médiatisés. Et comme elles n'y ont pas de place, c'est l'analyse sociologique qui fait office de discours officiel.

En 2017, le journal *Vice*[93] s'est « amusé » à aller « dans les quartiers », afin d'apprendre « comment baise-t-on en banlieue ? ». Un titre assez évocateur où l'on suggère qu'en banlieue, on ne fait pas l'amour, on baise forcément... Et différemment. Bien évidemment, cette publication a provoqué un petit émoi le jour de parution sur Twitter, où il a été cité près de 300 fois ; les internautes ne dénonçant pas seulement le titre, mais aussi le contenu de l'article. Pour eux, il cochait de nombreuses cases d'un reportage forcément effectué en caméra cachée, où les habitants seraient dénués de savoir-être. L'article met en lumière des histoires de pressions sociales, de cachoteries dans le quartier, d'IVG et de prise de contraception masquée à sa famille, ou encore de certificats de virginité. Pour l'une des interviewées, il s'agit de faire comme si sa relation n'existait pas, sous peine de devenir la « pute » du quartier. Quelques semaines plus tard, Vice, plein de courage, a pris le métro

93. « Le sexe en cité : des filles et garçons du Val-Fourré reviennent sur l'un des derniers tabous », Pauline Verdiuzier, *Vice*, 2017

et s'est rendu auprès des jeunes du 16e arrondissement de Paris. Ils ont eux aussi eu le droit à leur article. Le titre ? « Sous la couette » où l'on évoque le « charme discret » de leurs ébats[94]. Dans ce texte, il y a tout de même de la place pour l'amour, le vrai. Pour les personnes vivant en banlieue, l'amour n'est que misérabilisme, voyeurisme, vulgarité et violence. Pour les riches, il n'est que poésie et volupté.

Dans les œuvres filmiques, l'amour en banlieue présente un schéma quasi pré-écrit. Pour les personnages féminins, la seule issue favorable est lorsque le personnage principal aime et est aimé par une personne blanche. Le plus souvent, il sera issu d'une classe moyenne supérieure voire bourgeoise, et sera un outil scénaristique afin que le personnage principal puisse évoluer. L'évolution étant de quitter sa banlieue pour aller en ville, si possible à Paris. Cela est visible dans *Aïcha*[95], série française de quatre téléfilms de Yamina Benguigui, diffusée à partir de 2008. Le pitch ? « Aïcha est une jeune Française d'origine algérienne, vivant dans une cité de la banlieue parisienne. Le téléfilm nous retrace son parcours, sa quête de liberté et son rêve : travailler de l'autre côté du périphérique, "en France". » Ben voyons. La suite : « Aïcha mène donc sa vie tant bien que mal entre la cité, son boulot dans un garage et surtout les traditions que sa culture lui impose. Elle rêve de partir, de trouver un vrai travail et de vivre à Paris avec sa meilleure amie Lisa. C'est alors qu'elle croise Patrick, un ami d'enfance. Charmé par Aïcha, il souhaite la revoir. » Évidemment. Patrick sera donc le salut d'Aïcha. Elle ne trouvera son bonheur que

94. « Le charme discret de la bourgeoisie : sous la couette avec les jeunes nantis du XVIe arrondissement parisien », Pauline Verduzier, *Vice*, 2017

95. *Aïcha*, de Yamina Benguigui, 2009

par lui. C'est grâce à ce dernier qu'elle pourra « réussir » à quitter son quartier d'origine, et forcément être « sauvée ».

Même schéma dans le long-métrage acclamé par la critique, *Divines*[96] d'Houda Benyamina. Le synopsis : « Dans un ghetto où se côtoient trafics et religion, Dounia a soif de pouvoir et de réussite. Soutenue par Maimouna, sa meilleure amie, elle décide de suivre les traces de Rebecca, une dealeuse respectée. Sa rencontre avec Djigui, un jeune danseur troublant de sensualité, va bouleverser son quotidien. » Djigui étant bien évidemment blanc, une histoire d'amour avec lui représente alors la seule issue heureuse pour Dounia. Pour le reste, l'amour dans ces quartiers n'est que violence, souffrance, cachotteries, ou encore IVG dissimulées, un peu comme dans l'article de Vice. Et bien évidemment, c'est toujours la banlieue pauvre qui est représentée, jamais celle de Neuilly-sur-Seine.

Pourtant, les productions concernant l'amour en banlieue ne sont pas inexistantes. Deux films documentaires ont ainsi pu montrer autrement ce qu'était l'amour dans ces banlieues. Le premier, c'est celui de la journaliste Maïram Guissé, *L'amour en cité*[97] où elle suit cinq protagonistes trentenaires : Trésor, Jacky, Ali, Sofiane, Julie et Farah. Immergés dans leur environnement, dans les banlieues de Paris, Douchy-lès-Mines ou Rouen, tous retracent leurs histoires amoureuses et se livrent avec sincérité. Ils parlent avec délicatesse de ce que veut dire être amoureux dans ces territoires. Les deux femmes, bien que blanches, ont expliqué avec nuance ce que les rapports amoureux provoquent : des ruptures, des différences de vision sur le long terme, des personnes aux schémas relationnels qui diffèrent, qu'ils soient anxieux,

96. *Divines*, d'Houda Benyamina, 2016

97. *L'amour en cité*, Maïram Guissé, 2014

attachants ou évitants. Bref, le film raconte l'amour comme nous le vivons tou·te·s ou presque. Et surtout, les femmes n'y sont jamais des victimes : elles sont toujours actives dans leur vie amoureuse. Le second documentaire est celui de la réalisatrice Alice Diop. *Vers la tendresse*[98] dure trente-huit minutes et réunit plusieurs hommes évoquant leurs relations hommes-femmes. On y voit comment les hommes tombent amoureux des femmes des mêmes quartiers, comment la misogynie est présente, comme partout, mais aussi comment on peut s'autoriser à aimer et laisser aller sa masculinité.

Ces deux films, réalisés par des femmes noires, ont été pour moi des catalyseurs. Enfin, des films qui parlent d'amour par et pour ceux, et surtout celles, qui le vivent dans ces villes. Enfin des films qui montrent que les femmes qui tombent amoureuses ne sont pas cloisonnées dans un certain périmètre. J'ai considéré ces deux œuvres comme véritablement féministes, bien que les hommes y soient majoritairement présents. Pour la première fois depuis un long moment, nous avions des femmes, de banlieue et de classe moyenne, nous parlant de comment elles vivent l'amour, et non pas le subissent. Et ceci, de manière romantique, pragmatique, ou même philosophique. Elles ont dans ces œuvres eu une place, la liberté de pouvoir parler d'elles, pour elles. Mais ni *Vers la Tendresse*, ni *L'Amour en cité* n'ont trouvé leur place comme documentaires de référence sur le sujet, sauf auprès des premières concernées. Une absence qui pose question sur l'incapacité des féministes *mainstream* (c'est-à-dire blanches et citadines) à prendre en considération celles qui vivent dans ces quartiers, car elles ne sont que peu capables de se pencher sur des médias qui ne les concernent pas.

Même en 2022, la rêverie, c'est pour les dominants.

98. *Vers la Tendresse*, d'Alice Diop, 2016

Le temps et l'argent : des privilèges non-négociables

Si je viens tout juste d'écrire qu'il fait du bien de voir des femmes diverses parler d'amour de manière philosophique, comme si ces dernières étaient elles aussi incluses dans ce processus de réflexion, il est clair que pour d'autres, le temps n'y est pas. Et la volonté non plus. Réfléchir à ce que l'amour peut nous faire de plus mal nécessite du temps. Et le temps est d'abord un privilège de celles qui ont le capital économique nécessaire pour pouvoir s'y pencher. Je m'inclus dedans. Étant moi-même journaliste avec un salaire régulier, j'ai eu le privilège d'avoir le temps de réfléchir à ces idées sans avoir à trop me soucier de ma sécurité financière. J'ai eu le temps de coucher ce texte sur le papier, et surtout de pouvoir le publier. Pour d'autres, le temps n'est pas à la déconstruction, mais à la survie, à l'urgence. On le rappelle, les femmes gagnent bien moins leur vie que les hommes[99]. Et parmi les personnes vivant sous le seuil de pauvreté, c'est-à-dire 1 102 euros par mois, les femmes sont plus nombreuses (15,2 % contre 14,3 %)[100]. Parmi elles, des femmes vivant seules, mais aussi des mères célibataires, des femmes vivant en couple, ou des mères en couple. Des femmes pour qui se questionner philosophiquement sur l'amour est un luxe, si ce n'est une perte de temps. Des femmes pour qui la dépendance affective s'accompagne d'une dépendance économique. Et comme, aux dernières nouvelles, on ne nourrit pas sa famille avec des livres, ce sont souvent des productions qui passent à côté : pas par manque de volonté, mais par manque de temps. On le sait, quand on est pauvre,

99. En France, en 2019, le revenu salarial des femmes reste inférieur en moyenne de 22 % à celui des hommes. « Femmes et hommes, l'égalité en question », INSEE, paru le 3 mars 2022.

100. Revenus et patrimoine des ménages, édition 2021, INSEE, 27 mai 2021

il vaut mieux être pauvre à deux. C'est bien plus simple à gérer lorsqu'il faut faire tourner un foyer, ou lorsque le travail domestique est écrasant pour les femmes. Et si la déconstruction de l'hétérosexualité, la remise en cause des rôles genrés dans le couple, ou encore la recherche d'émancipation n'est pas forcément une priorité dans leur vie, il est donc difficile et injuste de leur reprocher de ne pas partir : dans une relation convenable mais loin d'être trépidante, ou dans une mesure plus grave, d'une emprise lorsqu'elles subissent des violences, il leur est souvent impensable de s'imaginer de vivre sereinement sans leur conjoint.e.

Pourquoi certaines peuvent avoir le temps de réfléchir aux relations romantiques plutôt que d'autres ? Pour les plus pauvres, l'amour peut être la souffrance, l'emprise, l'impossibilité de partir. C'est plus rarement les remises en question, la contrainte à l'hétérosexualité, ou le désir de sortir des schémas monogames normatifs. Et pour les femmes en situation de pauvreté, la vie quotidienne est une course contre la montre de la précarité. Selon le Haut Conseil à l'Égalité entre les femmes et les hommes, les femmes représentaient en 2014 plus de 57 % des allocataires du RSA. Dans le même temps, 23 % des ménages les plus pauvres sont des familles monoparentales dont 85 % des femmes seules avec enfants[101]. Il faut ainsi pouvoir survivre avec ce que l'on a, bien avant de trouver quoi faire de son temps libre, quand il est existant.

Moins les femmes ont de privilèges, plus elles sont effacées de la lutte pour une meilleure égalité dans leurs relations. Les combats qu'elles mènent sont intrinsèquement

101. Ministère des familles, de l'enfance et des droits des femmes, Chiffres clés édition 2017

liés à la façon dont les relations amoureuses sont régies par l'État, et très souvent sans aide de la part d'« allié·e·s », à l'image du combat pour la déconjugalisation de l'allocation adulte handicapé (AAH). Cette allocation est pourtant une urgence, car les femmes handicapées ont plus de risques de vivre dans une situation de précarité que les femmes valides, selon la Drees[102]. Afin que cette problématique soit prise en compte comme une véritable problématique féministe, il aura fallu une forte mobilisation de la part des personnes concernées – en majorité des femmes handicapées – pour que les militantes valides relaient la campagne devenue virale, en se saisissant (enfin) de l'enjeu.

La déconjugalisation de l'AAH[103] est une revendication majeure de la part de personnes handicapées pour que leurs allocations d'environ 920 euros maximum par mois ne soient plus systématiquement liées aux revenus de leur conjoint·e, sous peine de la perdre totalement à partir du moment où le foyer gagne plus de 19 607 euros par an. Longtemps, cette question a été perçue comme une problématique économique, et non comme une véritable revendication féministe par les femmes valides. Le sujet est pourtant bien lié à la façon dont la vie matrimoniale est régie par l'État, et montre que les femmes handicapées en sont les premières victimes. La déconjugalisation (ou conjugalisation) de l'AAH n'a été que peu (voire pas) mise en perspective dans les essais qui reviennent sur les relations amoureuses. Sur les réseaux sociaux, plusieurs personnes handicapées ont pourtant

102. La direction de la Recherche, des Études, de l'Évaluation et des Statistiques est une direction de l'administration publique centrale française produisant des travaux de statistiques et d'études socio-économiques.

103. Cette mesure a finalement été adoptée par le Parlement le 28 juillet 2022. Elle sera effective à compter d'octobre 2023 au plus tard.

témoigné des conséquences de cette mesure sur leur quotidien. Sur le compte Instagram Le Prix de l'Amour[104], Coralie explique devoir renoncer à une vie de famille car c'est le seul moyen de subvenir elle-même à ses besoins. Elle écrit :

> « Je n'ai jamais pu vivre avec un homme par crainte que l'on me coupe mes droits et de vivre aux crochets de quelqu'un. Ayant un enfant à ma charge je me refuse de vivre sur le salaire de quiconque, sachant que je sais à quel point cela pourrait être une souffrance supplémentaire de se faire humilier. [...] Je fais le choix de faire une croix sur une "vie de famille", car c'est le seul moyen pour subvenir moi-même aux besoins de mon fils et de garder ma dignité. »

Et des témoignages pareils, il y en a à la pelle. Ces revendications devraient donc devenir centrales dans nos luttes. Les femmes handicapées se distinguent par un risque de pauvreté ou d'exclusion sociale plus élevé de 38 % que leurs homologues masculins (qui s'élève à 32 %). Elles sont beaucoup plus nombreuses à subir des privations matérielles sévères[105]. Pour aller droit au but, elles sont livrées à elles-mêmes, et les conséquences du couple pour elles ne sont étudiées que... par elles-mêmes. Elles sont pourtant à l'intersection entre plusieurs oppressions : la misogynie, le validisime, et parfois bien d'autres encore.

Mais l'inconscient collectif des femmes valides ne voit pas les femmes handicapées avec des relations amoureuses. D'ailleurs, cet amour n'est pas pensé : il est inexistant dans

104. @leprixdelamour_aah – www.instagram.com/leprixdelamour_aah

105. « Comment vivent les personnes handicapées », rapport de la Drees, février 2021

une société valide. Pourtant, les femmes handicapées subissent jusqu'à deux fois plus[106] de violences que les femmes valides, qu'elles soient sexuelles, physiques ou psychologiques. Or, cela est traité comme un phénomène marginal, alors qu'il fait partie intégrante des violences sexuelles commises sur les femmes et minorités de genre. Il y a ici une responsabilité collective. Et si elles sont effacées des espaces d'échanges, leurs problématiques également. J'aimerais me demander naïvement pourquoi les femmes qui ont le moins de privilèges sont exclues de ces discussions ? Mais je sais très bien que les cercles de discussion ne sont tout simplement pas accessibles, pas adaptés pour accueillir ces femmes et leurs paroles.

Pour certaines, l'amour n'est pas qu'une question philosophique, c'est aussi une question de survie. Pour certaines, l'urgence n'est pas de sortir de l'hétérosexualité, de rendre son compagnon plus allié, mais plutôt d'organiser son temps et sa survie financière au jour le jour. Ainsi, la déconstruction de l'amour, comme toute lutte autocentrée qui oublie les moins privilégié·e·s, s'apparente plus à du développement personnel qu'à une réelle analyse des dynamiques de pouvoir au sein des relations.

106. Les personnes handicapées sont plus souvent victimes de violences physiques, sexuelles et verbales, *Interstats - Service statistique ministériel de la sécurité intérieure*, n°29, juillet 2020

Chapitre 6
Subi contre choisi : une réappropriation des modes de vies

Célibat choisi, décohabitation, faire un enfant seule… Les nombreux modes de fonctionnement préconisés pour pallier les violences au sein du couple ne sont pas forcément accessibles à toutes. Et si cela est présenté comme une révolution pour certaines, les moins privilégiées subissent ces situations sans forcément pouvoir y remédier. Une appropriation et une romantisation de leur condition en somme : leur parcours à elles n'est jamais présenté comme révolutionnaire.

Des célibataires aux « célibattantes »

Bien avant que *Sex & the City* ne rende cela chic – et encore, le but de chacune des protagonistes de la série est en réalité de mettre fin à son célibat – les femmes célibataires ont bien trop souvent été regardées de travers, d'autant plus lorsque leur célibat fut choisi.

Pour les femmes considérées comme laides, cela passe, car elles sont disqualifiées par les normes de beauté (différentes selon les époques, les lieux et les classes sociales), et donc « excusables ». Elles pourraient quand même prendre soin d'elles, et mettre tout l'investissement énergétique et financier nécessaire afin d'attirer et de se faire désirer (par les hommes uniquement). Quand on est une adolescente, être célibataire est également toléré, car l'espoir est nourri que l'amour viendra plus tard. Et surtout, être célibataire peut vouloir dire que l'on se préserve, et que l'on reste vierge jusqu'au moment le plus accepté : le mariage.

Mais quand on a vingt-cinq ans et plus, on rentre dans l'âge sérieux. C'est sûr : on est compliquée si on est seule. Parce que la volonté d'être avec quelqu'un devrait être innée. Cela devrait être notre essence, notre destinée. On a été élevées pour. On vit pour. Mais surtout, être avec quelqu'un est gage de notre qualité de femme. Car nous n'avons pas autant de valeur aux yeux du monde si nous ne sommes pas aux côtés des hommes, comme un second rôle. Rien ne va plus si, non contente d'être célibataire, nous désirons en plus le rester. Célibataire ? Ah oui, c'est parce qu'on est noire, vu comme trop extravagante, trop masculine, parfois même trop laide. Si on souffre d'un handicap et qu'on est célibataire, c'est donc une circonstance atténuante car… portant un handicap. Son célibat ? Il se comprend[107]. Si musulmane (ou arabe, puisque beaucoup font encore et toujours la confusion), ce serait forcément à cause de leur religion, ou parce que les hommes de leur famille les en empêcheraient. Le célibat ne serait jamais réellement choisi, il y aurait toujours une circonstance atténuante pour les femmes qui ne sont ni blanches, ni valides, ni bourgeoises.

Néanmoins, depuis la sortie du livre *Sorcières* de Mona Chollet[108], on pourrait penser à une réhabilitation de la place des femmes célibataires. Ce *best-seller* est devenu l'un des ouvrages les plus recommandés, qualifié de porte d'entrée pour comprendre la persécution

107. Lire *Mister T & moi*, d'Elisa Rojas, éditions Marabout, 2020

108. *Sorcières. La puissance invaincue des femmes*, Mona Chollet, La Découverte, 2018

des femmes à travers les siècles et s'est quasi imposé comme un classique des essais féministes. La ferveur populaire que l'essai a créée a permis à de nombreuses femmes de reconsidérer le célibat comme un choix politique. Des femmes revendiquent alors fièrement de ne pas être en couple, et refusent que ce soit vu comme un statut « honteux », souhaitant s'affranchir au maximum du schéma couple-emménagement-mariage-enfant… Revendication qui invisibilise les plus précaires, lesquelles sont statistiquement le plus touchées.

Les plus pauvres d'entre elles sont d'emblée critiquées, car incapables de trouver les moyens nécessaires pour séduire… parce que c'est bien connu, ce sont les hommes qui sauvent ces femmes de la pauvreté. Selon une étude de l'Ined[109], autant de femmes que d'hommes sont célibataires entre 26 et 65 ans (21 %). Néanmoins, leurs trajectoires affectives diffèrent sensiblement. Dans une étude sociologique[110] analysant le profil des personnes célibataires, Marie Bergström et Géraldine Vivier analysent les profils ainsi : « 29 % des ouvriers et 24 % des ouvrières sont célibataires, contre 13 % des hommes cadres et 18 % des femmes cadres. » Les femmes célibataires issues de classes sociales les plus précaires représentent donc une part plus importante que les femmes les plus privilégiées. D'autant plus lorsqu'elles déclarent être célibataires par choix :

> « Les ouvrières et les employées présentent en effet beaucoup plus souvent leur célibat comme un choix (50 %) que les femmes cadres et professions intellectuelles

109. Étude des parcours individuels et conjugaux 2013-2014, Wilfried Rault, Arnaud Régnier-Loilier, INED, 2019

110. « Vivre célibataire : des idées reçues aux expériences vécues », Marie Bergström, Géraldine Vivier, dans *Population & Sociétés* 2020/12 (N° 584)

> supérieures (25 %). Elles considèrent également plus souvent que la vie hors couple "ne change rien" à leur vie de tous les jours (43 % contre 34 %) alors que les femmes cadres répondent davantage que le célibat rend leur quotidien "plus difficile" (42 % contre 30 % des ouvrières ou employées). »

Pourtant, nombreuses sont les femmes des classes moyenne ou populaire à avoir choisi le célibat de manière délibérée et avoir été traitées au vitriol... Mysoginie oblige. Mona Chollet écrit dans *Sorcières* :

> « Si elle n'en a pas l'exclusivité, la célibataire incarne l'indépendance féminine sous sa forme la plus visible, la plus évidente. Cela en fait une figure haïssable pour les réactionnaires, mais la rend aussi intimidante pour nombre d'autres femmes. »

Dans une société où l'hétérosexualité est la norme et où le patriarcat est fondateur, ces femmes se satisfont de pouvoir gagner des points auprès des dominants, car elles feront alors partie elles-mêmes des plus dominants : plus tu es proche du pouvoir, plus tu as du pouvoir... Elles sont valorisées, gagnent (ou gardent) le meilleur statut social possible. Que ce soit conscient ou inconscient.

Surtout, les femmes bourgeoises qui ont choisi le célibat sont surreprésentées auprès du grand public lorsqu'il s'agit d'évoquer le destin des femmes célibataires qui le vivent positivement. Celles qui étaient autrefois vilipendées pour leur absence de désir ou encore pour leur choix de ne pas être en couple sont aujourd'hui portées aux nues, leur parcours de vie étant présenté comme inspirant. En 2020, le magazine *Elle*[111] a rencontré plusieurs femmes célibataires par choix et parle de «*single positivity movement*» citant l'actrice Emma Watson, ou encore la chanteuse Lizzo, qui revendiquaient alors le bienfait de leur célibat choisi comme exemples. Ainsi, le célibat choisi lorsqu'il est revendiqué par des femmes au compte en banque rempli de millions de dollars est comme un emblème du *girl power*. À l'image de la récupération des théories lesbiennes que nous avons vu dans le chapitre 2, le célibat choisi est tout aussi détourné comme concept politique.

En mai 2021, l'autrice, réalisatrice, et influenceuse féministe Olympe de G lançait sur son compte Instagram une «grève de l'hétéronormativité[112]». Le concept: «J'arrête de me contorsionner pour répondre aux attentes des hommes qui ont été, sont et seront dans ma vie» a-t-elle écrit sur son compte Instagram. Elle souhaite également arrêter de «porter la charge sexuelle de la séduction amoureuse, de la santé sexuelle, de la contraception, de la créativité érotique»; arrêter de «compenser par mon travail personnel de lecture, d'écoute de podcasts sur la communication non violente etc., le manque d'éducation des hommes sur la reconnaissance et l'expression de leurs émotions», ou encore arrêter de «me contenir pour ne pas faire peur, pour ne pas blesser, pour ne pas être perçue comme menaçante». Sans pour autant renoncer à entretenir des relations sexuelles avec ces derniers.

Peut alors se développer pour certaines une souffrance liée à la politisation de sa vie amoureuse: savoir que l'on désire toujours une chose construite pour

111. «Elles ont choisi le célibat», Patrick Williams, ELLE.fr, 24 janvier 2020

112. «Qu'est-ce que signifie la "grève de l'hétérosexualité" d'Olympe de G.?», madame.lefigaro.fr, 21 mai 2021

oppresser, et/ou vouloir tout de même se rebeller quitte à en être malheureuse, à cause de la peur de ne pas être considérée comme une bonne féministe, ou parce que l'on arrête de fréquenter des hommes alors que l'envie est toujours présente. Un certain parallèle avec le mouvement *sex positive*, qui souhaite inclure toutes les sexualités et débrider le dialogue sur le sexe. Sur le blog belge, The Flonicles[113], une autrice nommée Florence déplore une nouvelle injonction à trouver son bonheur sexuel par ce prisme :

> « Alors qu'aujourd'hui de nombreux comptes Instagram et livres indépendants tentent de rattraper les lacunes de l'éducation sexuelle, où on nous parle de libération sexuelle, de non-stigmatisation, de choix, j'ai pourtant l'impression que le mouvement "*sex positive*" devient une nouvelle injonction à cocher des cases pour pouvoir se dire libre et libéré·e. [...] J'ai l'impression qu'à mesure qu'on nous parle de consentement explicite, il est de plus en plus honteux d'assumer de refuser certaines pratiques. »

Par conséquent, ce qui peut paraître émancipateur pour les unes ne l'est pas forcément pour les autres. À l'image du schéma relationnel choisi, qu'il soit polyamoureux ou simplement non monogame, ou encore le célibat politique. Pourtant, une fois ces modes de vie récupérés par des cercles militants, et plus précisément, dans les mains des personnes qui ont le plus de pouvoir, ces concepts deviennent de simples étiquettes de vêtements à la mode. Le célibat choisi

113. « Le "sex positive" est-il devenu la nouvelle injonction à la mode ? », thefonicles.be, 21 août 2021

est désormais quelque chose de glamour, presque romantique, qui parfois pousse à une surconsommation sexuelle. Cette glorification libérale du célibat choisi va de pair avec la libération sexuelle comme seule porte d'émancipation amoureuse et corporelle. Une libération sexuelle qui reste, malgré tout, profitable aux hommes.

Les mères célibataires : de l'image de la victime à la femme puissante

Certaines mères célibataires ne sont plus seulement des mères, mais aussi des femmes, aussi incroyable cela puisse paraître. Des femmes à part entière, des êtres humains qui méritent elles aussi d'être aimées, d'avoir une vie amoureuse, des aventures sans lendemain, des relations sexuelles. Et ceci a été nourri grâce à des productions médiatiques, à l'image de la journaliste Johanna Luyssen, qui a publié *Si je veux : Mère célibataire par choix*[114], ou encore Aline Laurent-Mayard qui a documenté[115] son choix d'avoir un enfant. Toute la nuance est dans le choix. Le choix change tout, car toute la dimension politique et l'absence de vision des féministes qui « révolutionnent l'amour » repose sur le fait qu'elles ignorent que parfois, on n'a pas le choix. Et ce choix s'applique à toutes les situations.

Maintenant que la PMA pour presque[116] toustes a été légiférée, nous n'avons plus du tout besoin d'hommes pour devenir mère. C'était déjà le cas avant, mais aujourd'hui, la PMA permet aux femmes célibataires d'avoir un enfant quand elles le veulent et le peuvent.

114. *Si je veux: Mère célibataire par choix*, Johanna Luyssen, Grasset, 2022
115. « À la recherche du sperme parfait », Binge Audio, 2020
116. La loi sur la bioéthique n'inclut pas les personnes transgenres.

Selon l'Agence de la biomédecine, elles représentent d'ailleurs 53 %[117] des personnes qui y ont recours depuis sa légalisation en septembre 2021. J'insiste sur le verbe pouvoir : les mères célibataires faisant partie des individus les plus vulnérables économiquement. Tandis que les familles monoparentales représentent un quart des familles françaises, elles sont 33 % à vivre sous le seuil de pauvreté. C'est deux fois plus que l'ensemble de la population, avec 14,6 % des foyers français en situation de précarité. Les mères célibataires sont plus concernées que les pères célibataires, explique l'Insee[118]. En effet, alors que les mères solos sont à la tête de 80 % des familles monoparentales, leurs enfants sont plus souvent en situation de pauvreté que ceux qui vivent avec leur père uniquement. Avec un seul salaire et un ou plusieurs enfants à charge, avec des aides très limitées, leur précarité n'est plus à prouver. Lorsque le géniteur est encore dans les parages, elles doivent se battre afin d'obtenir une pension alimentaire qui frôle les limites de l'indécence (encore faudrait-il qu'ils les paient, une pension sur trois ne l'étant pas). Bref, un modèle de vie loin d'être idéal qui correspond plutôt à de la survie pour de nombreuses femmes. Pourtant, elles se battent.

Les sociologues Marie Bergström et Géraldine Vivier ont également documenté la place des mères célibataires dans la société. Elles affirment que celles issues des classes les plus précaires pensent mieux gérer leur situation que les plus bourgeoises :

117. « PMA : les célibataires majoritaires dans les nouvelles demandes », Le Monde, 1er août 2022

118. « Malgré une importante redistribution, un tiers des familles monoparentales restent pauvres », Vincent Rodes, Magali Flachère, INSEE, publié le 7 novembre 2019

> « Des mères célibataires des milieux favorisés déclarent bien plus de difficultés associées à la vie hors couple que les mères ouvrières ou employées. C'est donc dans les milieux modestes, même en situation de monoparentalité – une situation que l'on sait appauvrissante – que les femmes s'accommodent le mieux de la vie hors couple. Un tel résultat peut surprendre mais les femmes employées et ouvrières interviewées l'éclairent. D'abord en soulignant la continuité de leur rôle et de leur travail domestique et éducatif : avec ou sans conjoint, il leur faut "s'organiser", "tout faire" et "tout gérer". Ensuite en pointant l'autonomie de décision associée à la vie hors couple : seules, elles sont désormais libres de décider, certes sous contraintes mais sans comptes à rendre, des dépenses ou de l'éducation des enfants. »

Elles décrivent alors que l'argent est forcément prégnant dans l'autonomie de ces dernières, leur indépendance financière étant forcément moins grande que pour les femmes aux revenus plus élevés. Par conséquent, savoir gérer son budget sans avoir à négocier constitue donc une différence et un gain plus significatif pour les femmes ouvrières et employées que pour les autres. Et c'est à cette « liberté de décision, gagnée ou regagnée, qu'elles sont attachées », écrivent les chercheuses.

Une liberté et des femmes qui ne sont pas forcément incluses dans les combats féministes plus grand public. Pourtant, nombreuses d'entre elles s'organisent. Des collectifs d'entraides leur permettent de réfléchir à une meilleure prise en compte de leurs droits, à l'image de l'association Femmes en lutte 93, collectif féministe de femmes originaires de la Seine-Saint-Denis qui, durant onze ans[119], s'est évertué à faire du « féminisme populaire » comme elles le décrivent, un féminisme de lutte de classe et antiraciste. Elles se sont organisées seules, mettant en place des initiatives d'entraide pour les femmes de façon générale, mais aussi pour les mères célibataires vivant dans les quartiers populaires.

On estime que la vie s'arrête lorsqu'on devient mère d'un premier enfant, encore plus lorsqu'on devient une mère célibataire. Les dynamiques d'amour pour ces femmes disparaissent d'emblée, et le fait qu'elles fassent partie des moins privilégiées dans la classe sociale femme n'est pas forcément discuté.

Lorsqu'on choisit d'être célibataire ou mère célibataire en connaissance de cause, le mode de vie est ainsi présenté comme révolutionnaire, bien que cela existe depuis des millénaires. Et surtout, ce mode de vie est (re) mis en avant par des femmes d'une certaine classe, dont le capital économique, social et culturel leur permet de ne pas trop avoir à s'accommoder des normes de la parentalité et de rester sur le marché de l'amour. Mais posons-nous la question : qui garde les enfants et quelles solidarités ont été mises en place ? Leurs profils et parcours de vie ne sont jamais présentés avec misérabilisme, au contraire. Ce sont des femmes fortes, conquérantes, qui n'ont besoin de personne afin de mener à bien leurs choix personnels. Elles ont le pouvoir nécessaire pour. Elles ont aussi une certaine idée de reconquête et les moyens d'y arriver autant pour mener à bien leur projet que pour le présenter au monde. Ainsi, la mère célibataire de quatre enfants vivant à Aulnay-sous-bois, elle, n'aura droit ni à

119. Le collectif s'est dissout en mars 2022.

son propre podcast ni à son propre livre publié dans une grande maison d'édition, ni à des conférences de développement personnel rémunérées à hauteur de plusieurs centaines, voire milliers d'euros. À l'image des femmes célibataires par choix, les mères célibataires, d'abord sujet d'étude sociologique, sont ensuite (enfin) devenues un sujet de combat féministe, sans forcément êtres toutes inclues dans la prise de parole dite *mainstream*. Puisque ce sont celles qui sont socialement « plus fortes », qui, bien qu'elles le vivent beaucoup plus mal, se réapproprient ce statut en le glorifiant.

PARTIE IV
LE COUPLE À TOUT PRIX

Chapitre 7
La sororité à l'épreuve du mâle

Pour de nombreuses femmes, quelle que soit leur position sociale, le couple monogame hétérosexuel est le seul schéma relationnel possible. Cette envie est encore présente, même pour les plus avancées dans leur prise de conscience féministe. Une recherche constante du couple, qui, même si nous voulons absolument nous en débarrasser, maintient une forme de rivalité féminine, et donc une compétition. C'est la course à celle qui sera choisie au détriment des autres, ou de l'Autre. LA rivale, peut-être notre amie, notre sœur, une connaissance ou une collègue. Une rivalité[120] qui va forcément de pair avec les privilèges de chacune : qu'ils soient raciaux, valides, ou encore de classe.

Les Hunger Games *de la mise en couple*

Au mois de janvier 2022, l'autrice américaine et figure du *fat activism*[121] Stéphanie Yeboah s'est fendue d'un fil sur Twitter. Elle y raconte que, depuis avoir annoncé être en couple sur son compte Instagram, de nombreuses femmes blanches, elles aussi grosses, lui notifiaient vouloir se désabonner de ses comptes. La raison ? « Voir une femme noire grosse amoureuse et en couple après des années de

120. Sur ce sujet, lire *Rivalité - nom féminin*, Racha Belmehdi, éditions Favre, 2022

121. Mouvement militant pour et par les femmes grosses.

solitude et de mauvais traitements est “traumatisant” pour elles. Cela aurait pu l’être quand j’ai parlé du fait d’être ghostée, fétichisée ou quand je me sentais indigne. Mais là maintenant, c’est trop pour elles »[122] a écrit l’influenceuse sur son compte Twitter. Elle reconnaît elle-même avoir déjà eu des « pincements au cœur » quand elle a vu d’autres personnes être en couple, et donc, les comprendre un minimum. Sur une capture d’écran, elle partage ce que l’une de ses anciennes fans lui a écrit :

> « Je te suis depuis des années et j’ai toujours été à l’aise avec les publications sur lesquelles tu évoques ton célibat et ta solitude [...] Même si je suis blanche et je ne connais pas l’aspect du racisme/colorisme dans le spectre de la désirabilité, je me sens toujours malmenée par les hommes à cause de mon poids. Je souhaitais t’écrire à cause de ta récente publication – je suis contente que tu aies pu trouver quelqu’un, mais pour être honnête, je trouve cela traumatisant et dans l’intérêt de ma santé mentale, je vais me désabonner. »

Comme un signe suprême de désaveu pour les activistes et influenceurs, qui, généralement, subissent ce type de campagne de désabonnements massifs lorsqu’ils émettent un propos trop politique. Non pas lorsqu’ils notifient être en couple et heureux de désormais l’être, après des années de traumatismes. L’annonce de Yeboah peut éventuellement agacer à juste titre, du fait que la mise en couple hétérosexuel puisse constituer un

122. Traduction de : “*Seeing a fat, black woman in love and in a relationship after years of loneliness and mistreatment is ‘triggering’ for them. They could relate to my content where I spoke on being ghosted and fetishised and made to feel unworthy. But now it’s too much for them.*”

événement majeur. Mais justement, étant noire et grosse, c'en est un. Durant toute sa carrière d'influenceuse, elle a souvent témoigné des expériences éprouvantes qu'elle avait pu subir dans ses rencontres amoureuses. Son identité provoque forcément des réactions ou des remarques empreintes de stéréotypes. Mais non, le fait que Stephanie Yeboah soit heureuse, et ait notifié qu'elle a enfin échappé à ce schéma, était trop difficile pour ses abonnées. Ces dernières se devaient de lui faire savoir que cela ne les rendait pas heureuses. Dans un contexte où l'amour est un marché, et où une femme est désirée si elle réunit le maximum de critères positifs qui la valident, il leur fallait alors marquer au fer rouge qu'une femme moins privilégiée qu'elles n'est pas censée avoir accès à ce statut. Dans le chapitre 3, j'ai évoqué ce que les femmes noires pouvaient subir entre l'hyper et l'hyposexualisation de leurs corps. Mais être grosse est une circonstance supplémentaire dans l'exotisation traumatisante. Ainsi, Stephanie Yeboah a annoncé son couple comme une victoire, comme une inversion des dynamiques habituelles, étant donné qu'elle n'a jamais caché son envie de trouver le grand amour et de convenir à un schéma amoureux des plus normatifs. Il faut donc voir dans ses détractrices une marque de compétition. Elles partagent avec l'influenceuse une oppression qui est la grossophobie, mais se mettent tout de même en hauteur par rapport à elle : elles ne sont pas noires. Donc Yeboah étant socialement moins privilégiée que ces dernières, elles ont pu voir ceci comme une déflagration : qu'une femme moins privilégiée qu'elles ait « droit » à l'amour.

Une femme considérée comme « moins » ne peut obtenir ce que l'on n'a pas. Comme si l'accès à l'amour était un droit, une récompense conquise après de nombreux efforts physiques et moraux, et non pas une émotion comme une autre. Les femmes blanches qui ont écrit à Stéphanie Yeboah l'ont sciemment fait pour marquer leurs griefs dans son moment de bonheur et de partage, cette annonce venant titiller sa communauté de fans sur le rapport entre la grossophobie et le célibat subi, mais surtout sur le privilège que représente leur blanchité. La grossophobie institutionnalisée présente un frein pour les femmes grosses hétéros, puisque 34 %[123] des hommes refuseraient d'être en couple avec une femmes « en surpoids ». Globalement, 48 %[124] d'entre eux, toutes tranches d'âge confondues, affirment qu'ils n'accepteraient pas d'être en couple avec une femme ne respectant pas les normes de beauté que la société impose aux femmes, dont la minceur et la race[125]. Un frein dont les femmes ont bien conscience, puisque certaines s'en servent comme instrument de concurrence. Cette quête de statut est un outil pour alimenter les clichés sur la rivalité féminine, surtout lorsqu'il s'agit de conquérir un individu de genre masculin. Un cliché qui n'en est qu'à moitié un, dans une société où l'on met les relations hétérosexuelles monogames sur un piédestal.

Cette compétition s'explique par le fort désir d'être en couple. Ce n'est pas seulement une volonté de trouver l'amour et le bonheur. C'est aussi un moyen d'acquérir un statut validé par la société : statut qui apporte une stabilité (qu'elle soit financière ou familiale), et aussi un statut de protection de ses privilèges (encore plus lorsque le

123. « Un homme construit ou déconstruit » ? Ce que veulent les femmes, ce que sont les hommes, sondage Ifop pour Wyylde, février 2022

124. Idem

125. Aucune donnée sur les couples non-hétéros.

partenaire est un homme blanc). Dans ces circonstances, les femmes blanches ont tout intérêt à briser la sororité pour garder leurs privilèges. De manière consciente comme inconsciente, il est inconcevable qu'une personne moins privilégiée que soi obtienne « sans effort » ce pour quoi elles ont été éduquées. Étant donné que règne l'idée que l'amour se mérite, il devient une récompense méritée à leur valeur ajoutée. Et ceci quitte à utiliser des moyens techniques afin de faire plier d'autres femmes pour gagner l'attention et le « cœur » des hommes ciblés, dans le but de gagner des points dans le classement du marché de l'amour. Dans un article intitulé « Comment les femmes blanches utilisent les larmes stratégiques pour faire taire les femmes de couleur » publié dans The Guardian[126] en 2018, la journaliste australienne d'origine arabe Ruby Hamad, relate plusieurs expériences qu'elle a vécue. Elle explique ainsi que « souvent, lorsque j'ai tenté de parler ou de confronter une femme blanche à qu'elle m'a dit ou fait de négatif, j'ai été confrontée à des démentis en larmes et à des accusations indignées, comme quoi je lui ferais du mal ». Elle affirme ensuite que quelle que soit son attitude durant un conflit, qu'elle soit calme, pensive ou autre, elle sera toujours perçue comme agressive. Elle cite alors la réflexion de la blogueuse Luvvie Ajayi[127] :

> « Les larmes des femmes blanches sont particulièrement puissantes et très salées car elles sont attachées au symbole de la féminité. Ces larmes coulent des yeux

126. *"How white women use strategic tears to silence women of colour"*, Ruby Hamad, 7 mai 2018, www.theguardian.com/commentisfree/2018/may/08/how-white-women-use-strategic-tears-to-avoid-accountability

127. *"About the Weary Weaponizing of White Women Tears"*, Luvvie Ajayi, 17 avril 2018, awesomelyluvvie.com/2018/04/weaponizing-white-women-tears.html

> de celle choisie pour être le prototype de la féminité ; la femme qui a été dépeinte comme impuissante face aux caprices du monde. Celle qui obtient le plus de protection dans un monde qui fait un travail de merde dans l'ensemble pour chérir les femmes. Les mères, sœurs, filles et tantes des plus grands tyrans du monde (hommes blancs). »

Ainsi, cette fragilité n'a jamais été à gagner pour les femmes blanches. Une thèse que Ruby Hamad a ensuite exploré dans le livre *White tears/Brown Scars: How White Feminism Betrays Women of Colour*[128]. Elle y affirme que dans le cas où une femme blanche utilise ses larmes à l'encontre d'une femme noire, la relation entre les deux parties est donc « émotionnellement abusive », évoquant alors des « larmes blanches ». Des larmes qui, au lieu de dénoter une faiblesse, consolident le contrôle historique des blancs sur les autres races, et du patriarcat sur les femmes afin de maintenir tout le monde – y compris les femmes blanches, dans une certaine mesure – à leur place. Pleurer fait partie de la panoplie officielle de la féminité traditionnelle, tandis que la féminité des femmes racisées (et surtout celle des femmes noires) est souvent remise en question[129]. Une femme qui pleure est une femme dans la norme, celle qui lui répond les yeux secs est déviante. Quelques larmes, et sa contradictrice est éliminée. Cette méthode efficace permet de s'attirer la sympathie et de ne pas prendre ses responsabilités. Cette fragilité blanche leur permet notamment de rendre les

128. *White tears/Brown Scars: How White Feminism Betrays Women of Colour*, Ruby Hamad, Catapult, 2020

129. Lire le chapitre 3 sur la misogynoir.

hommes plus sensibles. Un drame historique en est la preuve : en août 1955, un jeune adolescent noir du nom d'Emmett Till[130] est assassiné par un groupe d'hommes blancs. La cause ? Une femme du nom de Carolyn Bryant a avancé à ce groupe – dont faisait partie son mari Roy Bryant – que Till l'aurait sifflée dans un magasin[131]. Afin de lui donner « une leçon », ils lynchent l'adolescent le soir même. Dans une autre mesure, invoquer sa fragilité lorsqu'on est une femme consciente de ses privilèges garantit d'être celle qui sera valorisée au détriment des autres. Si « la grosse », « la noire », « l'handicapée » gagnent face à celle qui est la plus normée, c'est une humiliation, un désaveu de sa féminité. La concurrence entre femmes en matière d'amour est comme tout le reste : politique. Aux plus fortes le pouvoir, aux plus faibles la défaite, les femmes privilégiées ayant conscience que, par défaut, elles doivent être choisies.

À celle qui sera choisie : une misogynie internalisée motrice

Il n'est plus à prouver que les femmes ont été élevées à aimer les hommes, les chérir, les combler, et si j'ose dire, être leur mère. Peu importe s'ils les martyrisent : ce n'est pas sans rappeler le cliché du garçon qui embête une fille à l'école car il « l'apprécierait ». Cet apprentissage, du moins, cette propagande nous a appris une chose : il faudrait toujours se battre pour avoir un homme, surtout contre d'autres

130. « Le terrible mensonge qui a provoqué la mort d'Emmett Till, tué parce que noir », *Paris Match*, 8 février 2017. www.parismatch.com/Actu/International/Le-terrible-mensonge-qui-a-provoque-la-mort-d-Emmett-Till-tue-parce-que-noir-1183556

131. En 2017, elle avoue avoir menti dans le livre *The Blood of Emmett Till* de Timothy Tyson.

femmes. C'est ainsi qu'elles sont alors conditionnées à haïr celles de l'entourage de l'homme qu'elles convoitent, soit toutes celles qui constituent une menace pour le bon déroulé de leur histoire d'amour. Des noms d'oiseaux fusent souvent pour les désigner. Elles sont « la connasse », « la salope », en résumé celles qui feront tout pour détruire son couple ou son histoire d'amour naissante. Bien que j'évolue dans un cercle amical féministe, ce mécanisme n'a jamais cessé pour certaines de mes amies, qui se sentent en danger dès lors qu'une autre femme pointe le bout de son nez. Qu'elle soit l'ex, la meilleure amie, l'amie, la collègue, la camarade de classe, elle peut devenir celle que l'on doit combattre à tout prix, afin de rester *the one*, la première, celle qui est et sera pour toujours choisie. Et pour être choisie, il faut constamment user de stratégies pour se placer auprès de l'être qu'elles désirent aimer. Se placer requiert des sacrifices et des compromis. Gommer sa personnalité et ses désaccords, nier le besoin de solitude, et laisser place à une codépendance qui pourrait se transformer petit à petit en violences psychologiques.

Sur le plan amoureux, pour une portion non négligeable des femmes, chaque Autre est donc une rivale. Bien que l'on tente de se débarrasser de ces comportements empreints de misogynie internalisée, il est rare que l'on puisse passer à travers. Il faut considérer chaque femme, qu'elle soit hétéro ou non, en couple ou non, qui approche « son » homme ou l'homme que l'on convoite comme une menace pour le bon déroulé des choses. C'est une source d'inquiétude, comme si les femmes devaient presque se battre au sens propre afin de garder la primauté. Ainsi, on fait en sorte de « travailler » pour. Travailler à être la plus mince, la plus claire, la plus douce (ou assertive, selon ce que cet homme désire), la plus en accord avec le conjoint. L'idée étant d'être toujours moins ou plus que l'autre pour convenir au mieux à la personne que l'on convoite. Une concurrence présente avec les femmes de l'entourage de « son » homme, mais aussi avec ses propres amies. Ce sera donc la course à celle qui aura trouvé sa personne avant l'autre. Il ne faut surtout pas être la dernière de la bande à avoir eu l'occasion d'être en couple : celle qui dépérit, que l'on prend en pitié sans trop lui montrer mais dont la place nous fait frémir. Ainsi, la course au couple monogame et/ou la relation la plus normée qui soit est toujours présente, prégnante, en particulier pour les femmes hétéros.

Nonobstant la prolifération de ressources aidant les femmes à se questionner sur leurs rapports amoureux, apprécier la solitude et sortir des rangs du couple normé et monogame sont encore déviants (bien que nous puissions sortir de la norme sans être dans la solitude). Certaines femmes, malgré tout ce qu'elles pourront lire et écouter, auront toujours peur de finir « vieilles filles ». Encore plus si dans leur entourage, elles sont les seules pour qui les relations amoureuses semblent ne pas fonctionner. Elles se verront alors en constante comparaison avec leurs amies ou leurs sœurs, celles qui ont « réussi », tant que nous n'aurons pas collectivement remis en cause profondément les mécanismes amoureux, et décortiqué les inégalités d'accès à l'amour et au couple. Surtout, ce malaise ne cessera pas de se manifester tant que nous n'arrêterons pas d'alimenter cette rivalité féminine, même avec celles dont nous sommes les plus proches.

L'amitié féminine à rude épreuve

Il peut souvent arriver qu'une amitié soit fondée autour du sujet « garçon ». L'une des deux (ou des plusieurs) femmes se confie sur l'attirance qu'elle peut avoir envers un homme. Elle raconte des potins et montre qu'en ayant elle aussi du désir, elle est une femme chez qui rien ne cloche. Ainsi, ses nouvelles copines peuvent lui donner des conseils, la soutenir dans cette quête, ou alors raconter à leur tour leurs malheurs avec les hommes, qu'ils soient leurs conjoints, leurs exs, ou celui pour qui elles ont une attirance. Baignées dans ces images très particulières d'une certaine forme de sororité, elles font toutes partie du « vrai monde » des femmes dans la norme. Une représentation rêvée de l'amitié féminine, présente notamment à l'écran où les protagonistes se réunissent afin de discuter de ce que les hommes leur font subir. Nous pouvons compter sur les doigts d'une main les séries mettant en avant des personnages principaux féminins et qui respectent le test de Bechdel[132]. Ce dernier vise à mettre en évidence la sur-représentation des protagonistes masculins ou la sous-représentation de personnages féminins dans une œuvre de fiction. Il repose sur trois critères : il doit y avoir au moins deux femmes nommées dans l'œuvre ; qui parlent ensemble ; et de quelque chose qui est sans rapport avec un homme. La dernière règle semble encore insurmontable dans la majorité des productions audiovisuelles.

On l'a vu et revu dans *Sex & the City* (du moins dans la première partie de la série). Version « diversité », il y a *Run the World*, ou encore *Insecure*. Si, dans ces productions, les conversations entre amies spécifiques aux relations amoureuses et sexuelles sont de moins en moins

132. Test créé par Alison Bechdel en 1985, paru sous le nom de La règle (*The Rule* en version originale) dans sa bande dessinée *Lesbiennes à suivre*... suivi de *Variations monogames*, édité en France par Prune Janvier en 1994.

omniprésentes au fil du temps, elles prennent tout de même une place considérable. Pour les femmes hétérosexuelles, même dans une amitié féminine, les hommes prennent tout l'espace. Parfois, lorsque l'amitié vrille, il n'y a plus que cela. On se retrouve avec une amitié inégalitaire, sur la base de coaching en amour pour les unes, ou psychothérapie (gratuite) pour les autres. L'amitié n'est plus réellement une amitié, mais un dialogue à sens unique afin que l'une puisse guider l'autre dans son rapport aux hommes et exercer le rôle de soupape de pression qui permet de maintenir le couple. Partager ses histoires de cœur et de sexe est sans doute bienvenu, mais il y a une dérive : que l'amitié ne se fonde que sur ce partage, et qu'elle ne serve que de base de soutien au modèle hétéropatriarcal du couple. Ainsi, cela rassure, car le couple et ses dynamiques de pouvoir ne sont pas remis en cause. Comme amie, on doit donc se plier en quatre afin d'écouter les dernières péripéties que leur copain/« plan cul »/cible ont pu leur faire subir, souvent sans jamais pouvoir donner notre avis. Comme amie, notre seul point d'orgue est alors d'écouter des histoires foireuses, qui nous obligent à un rôle de conseiller personnel… ce que certaines peuvent elles-mêmes reprocher à leur compagnon. Et fait-on seulement subir cette même charge à nos amis masculins ?

Parfois, de ces amitiés découlent aussi des schémas systémiques. Il est fort à parier qu'une femme pétrie de privilèges prendra comme soutien une femme bien moins privilégiée qu'elle. À titre personnel, j'ai souvent joué le rôle d'amie-coach pour mes amies blanches, bien que n'ayant jamais eu ce que l'on appelle de « vraie » relation amoureuse. La place de leurs relations étant prédominantes dans certaines de mes amitiés. Un peu comme ce trope télévisuel où la psychologue est forcément une femme noire, et/ou grosse[133], une femme qui aura toujours le bon mot. Ceci n'est pas un reflet de la réalité, mais une mise en avant de ces schémas qui nous modèlent. Dans mon cas donc, la psy, c'était moi. Et évidemment, je n'étais pas payée. Face à leurs problématiques, je me rendais compte que, spécialement aux côtés de mes amies blanches, comme nous n'avions pas les mêmes soucis, le fossé se creusait peu à peu. Un décalage qui n'a fait que les éloigner de moi ou au contraire, qui n'a fait que m'éloigner d'elles, voire mettre fin à ces amitiés. Si cela est aussi agaçant pour moi, femme hétéro, je n'ose imaginer ce que cela peut provoquer pour les femmes lesbiennes, bi/pan ou aromantiques[134]. C'est ainsi que les couples hétéros se maintiennent grâce aux femmes qui y « travaillent » avec l'aide de tout leur entourage... sauf leur conjoint.

Les hommes peuvent s'insérer dans n'importe quelle amitié. De façon insidieuse, comme de façon explicite. La manière insidieuse étant d'être omniprésents malgré leur absence. La manière explicite étant la désinvolture avec laquelle ils peuvent entièrement briser des amitiés. Les séries pour ados nous ont montré ce schéma des tas et des tas de fois. Je peux citer *Les Frères Scott*[135], *Gossip Girl*[136], *Dawson*[137],

133. "*New Pop Culture Trend Alert: the Black Lady Therapist*", Aisha Harris, 22 mars 2018, slate.com/culture/2018/03/black-woman-character-actors-are-popping-up-on-your-favorite-shows-as-therapists-to-white-characters-video.html

134. Qui éprouve peu ou pas d'attirance romantique, quel que soit le sexe ou le genre de la personne.

135. *Les Frères Scott*, de Mark Schwahn, The Wb puis The CW, diffusée de 2003 à 2012

136. *Gossip Girl*, de Josh Schwartz et Stephanie Savage, The CW, diffusée de 2007 à 2012

137. *Dawson*, de Kevin Williamson, The WB, diffusée de 1998 à 2003

Euphoria[138]... Il n'est pas rare que deux amies, deux meilleures amies qui plus est, tombent amoureuses du même homme ou tout simplement aient des relations sexuelles avec lui. Étant une grande consommatrice de séries, les seuls modèles qui ont réussi par miracle à déroger à la règle sont *Newport Beach*[139] et *Grey's Anatomy*[140]. Certes, les duos pouvaient avoir de nombreuses conversations autour de leurs intérêts amoureux, mais ils n'en ont jamais partagé aucun. *A contrario*, les œuvres sentimentales, en particulier celles qui ciblent un public adolescent ne cessent de servir des intrigues vues et revues. Soit l'une sort avec le garçon pendant que l'autre a des sentiments pour lui, soit l'autre couche avec l'un pendant que l'autre est amoureuse de lui. Et inversement. D'où un stress de présenter son amie à son conjoint de peur qu'il la préfère, ou de faire en sorte qu'ils ne se rencontrent que peu, pour être sûre de garder une primauté sur lui. En gros, dès qu'un homme se pointe, c'est le début des ennuis. Ainsi, la sororité et le lien présents entre les femmes et certaines amies sont quasi d'office menacés par la présence d'un intérêt amoureux masculin, qui impose des sacrifices à son entourage. Comme si l'amour et le couple était une genèse de la souffrance, encore plus pour les populations les plus marginalisées.

138. *Euphoria* de Sam Levinson, HBO, diffusée depuis 2019
139. *Newport Beach*, de Josh Schwartz, FOX, diffusée de 2003 à 2007
140. *Grey's Anatomy*, de Shonda Rhimes, ABC, diffusée depuis 2003

Chapitre 8
Amour et sacrifices, genèse de traumatismes

La recherche de la relation amoureuse reste une norme bien présente, et devoir faire des compromis pour sa relation hétérosexuelle ne change pas grand-chose à son fonctionnement. Il impute désormais aux femmes hétéros d'avoir la charge d'éduquer leur partenaire à être des « mecs biens », comme s'il y avait un trophée à l'arrivée. Et si, grâce à la révolution romantique, certaines ont pris conscience de toute la souffrance que représentent leurs relations amoureuses, ces souffrances restent les gages d'une relation passionnelle. Le sacrifice féminin est la base de la relation amoureuse hétérosexuelle. Le sacrifice de la solitude, de sa propre personne, de qui on est, de nos amitiés. Le traumatisme est aussi quelque chose qui se lègue de génération en génération, notamment dans les communautés marginalisées[141].

Le couple hétéro reste pourtant le Saint-Graal à atteindre dans la vie d'une femme. Bien avant l'amitié, bien avant la famille, bien avant la construction d'une vie professionnelle stable pour celles qui en ont le privilège. Les femmes que l'on considère comme « à côté », les « moches », les « grosses », les « estropiées », elles, s'en

141. On peut parler de traumatisme intergénérationnel, ou historique, lorsque le traumatisme subi par une génération est transmis aux générations suivantes.

extraient peu à peu ou y sont forcées. Dans une note de blog nommée « Je ne suis pas une femme like you »[142], la militante féministe et antivalidiste Céline Extenso évoque sa quête : comprendre si elle est considérée comme une femme comme les autres malgré son handicap. Elle débute son texte ainsi :

> « J'ai toujours eu du mal avec mon genre. C'est le lot de beaucoup de meufs, bien sûr. Une femme subit tellement d'injonctions qu'elle ne se sent jamais à la hauteur, elle doute d'elle-même, serait-elle une anomalie ? Je crois que c'est un questionnement courant. Mais attendez, moi c'est pas ça. Moi je parle de l'impossible positionnement d'une meuf handi, c'est vraiment autre chose. »

Elle explique ensuite être, à trente-cinq ans, entrée sur le marché de l'amour en découvrant la séduction et s'y plaire, pour un temps, elle qui n'y avait pas eu accès au préalable. Sauf que ses angoisses la rattrapent. Elle écrit ne pas savoir de quelle classe de genre elle fait partie, ou plutôt, que son handicap et la société validiste l'empêche de réussir à se genrer.

> « Si le genre ne se préoccupe pas de moi, je devrais bien en faire autant. Vouloir absolument y trouver ma place, m'y conformer, c'est peut-être même validiste ? M'obstiner à vouloir à tout prix "comprendre mon genre" ne fait que camoufler la vraie question : qu'est-ce qui m'éloigne de l'échiquier du genre ? Mon genre est

142. « Je ne suis pas une femme like you », par Céline Extenso, 18 février 2021, celinextenso.free.fr/wordpress/?m=202102

juste : non pertinent, erreur 404. Chercher à m'y positionner est vain. Je ne suis pas genrée, ou si peu, je suis avant tout : handi. »

Selon elle, la société est basée sur un système de genre, et « avoir un genre est un privilège valide. Ou un boulet, sans doute ».

La révolution romantique nous a permis de prendre conscience de toute la violence que représentent les relations hétérosexuelles. J'aurais même tendance à dire les relations tout court, aucune n'étant à l'abri de violences physiques et encore moins psychologiques. Au moins, aujourd'hui, on peut faire en sorte que son homme devienne le plus présentable. On peut lui acheter tous les livres de Mona Chollet du monde afin qu'il prenne conscience de son privilège d'être né dans le genre qui domine. On peut l'emmener écouter des conférences sur le pouvoir féminin, les règles et les poils[143]. On peut lui faire écouter des podcasts. On peut lui envoyer des posts Instagram résumant parfaitement ce que coûte le travail domestique aux femmes... On peut le façonner comme on le peut à notre image, tenter de le rendre bien plus digne de soi, le rendre plus aimant, plus allié, meilleur... Bref, créer le compagnon « idéal » qui fera office d'exception parmi les autres. Même si cette prise de conscience globale – du moins, dans certains milieux – a permis de mettre un grand coup de projecteur sur la violence des relations hétéros auprès d'un plus grand public que celui déjà sensible aux questions féministes, il ne va pas sans dire que certaines femmes en couple hétéro ont pu se sentir mal à l'aise, voire agressées dans leur amour-propre, leur identité. Car cette fois-ci, impossible de

143. Des productions nécessaires !

ne pas voir l'empreinte du mal dans certaines de leurs relations. Impossible de ne pas voir les violences psychologiques, la dépendance, ou encore le besoin d'attention de la part d'individus de type masculin. Il fallait donc prendre le mâl(e) à la racine, et analyser en profondeur que les violences au sein du couple sont quasi inévitables à HétéroLand. Il fallait donc défendre sa relation, le fait de ne pas être une « traîtresse » aux différents combats féministes. Lorsqu'un problème est (re)mis en évidence sous son nez, on ne peut pas le mettre sous le tapis. Ici donc, les femmes hétéros n'ont pu mettre de côté leur aliénation et pour certaines, leur codépendance aux hommes de leur entourage. Elles ont alors usé d'arguments pour montrer qu'elles étaient dans le vrai, elles. Que non, elles n'étaient pas aliénées, qu'elles pouvaient pour certaines se libérer de leur codépendance, et que le lesbianisme politique n'est pas forcément la solution à leurs maux. Pour cette dernière affirmation, si, à mon sens, devenir lesbienne n'est pas une solution miracle aux violences que l'on peut subir dans l'amour – et n'est pas forcément une solution envisageable pour toutes les femmes, il faut observer la manière avec laquelle l'offensive a été conflictuelle. Et en réponse à cela, les femmes hétéros, heureuses en couple ou non, ont souhaité montrer que oui, leurs compagnons pouvaient devenir de bons conjoints, de bons pères, de bons partenaires, de bons meilleurs amis.

Femme recherche homme à éduquer

Les nouveaux écrits féministes ont malgré eux imputé une nouvelle injonction à ces femmes : éduquer leurs partenaires. Il y a même des livres spécifiques. La journaliste Mymy Haegel a publié en 2021 son essai *Ils vécurent heureux. Guide de survie d'une féministe en couple hétéro*[144]. Un véritable guide en plusieurs étapes permettant aux femmes de s'assurer de ne pas laisser le féminisme aux portes du foyer. « De la charge mentale aux relations toxiques en passant par le rapport à la sexualité et l'envie (ou la non-envie) d'enfants, cet ouvrage se pense comme un guide léger et utile pour naviguer dans le couple hétéro sans avoir l'impression d'envoyer son féminisme au tapis », lit-on sur le synopsis. Aujourd'hui, en plus de la tâche de trouver un homme, il faut ensuite faire en sorte qu'il fasse la vaisselle sans que l'on doive lui répéter plusieurs fois, ou dans une plus grande mesure, veiller à ce qu'il respecte le consentement. À l'ère de la décennie 2020, il ne faut plus seulement trouver des compagnons, il faut trouver de bons compagnons. Et s'il y a des bugs dans la matrice, il faut alors redoubler d'efforts pour les améliorer. Tout ceci fait désormais office de progrès. Mais leur acheter des livres guides de bonnes pratiques – qui sont potentiellement lus en grande majorité par des femmes – ne suffit pas. Flirtant avec le développement personnel, tout ceci amène les femmes à réfléchir de manière quotidienne à comment faire devenir leur compagnon le meilleur des copains, le meilleur des alliés afin qu'il devienne présentable aux yeux de la société. Pour montrer ainsi qu'elles, au moins, ont eu droit à une exception, qu'elles ont eu raison de persévérer, de s'investir dans cette relation, quels que soient les compromis qui l'ont construite.

Dans cette recherche constante de l'homme exceptionnel règne un fond de compétition, à qui aura un homme trophée auprès de ses copines, bien au-delà d'avoir trouvé un équilibre entre son couple hétérosexuel et son

144. *Ils vécurent heureux. Guide de survie d'une féministe en couple hétéro* de Mymy Haegel, éditions Hugo Doc, 2021

féminisme. Comme une liste de course, il se devra d'être un allié féministe, mais doté d'une certaine image de la virilité, respectueux du consentement et sachant trouver le clitoris, soucieux de se remettre en question sur tous ses comportements oppressifs. Un travail supplémentaire pour ces femmes, qui risque de les mener vers un sentiment de culpabilité si elles ne réussissent pas, malgré la désormais forte présence de ressources. Mais puisque l'amour est au-dessus de tout, et puisque tel ou tel homme « vaut le coup », peu importe de faire autant de sacrifices de soi, de temps et d'énergie, pour le bon déroulé de cette relation... Bien que les hommes soient évidemment capables de se remettre en question eux-mêmes. Tant que cette relation continue d'exister.

Sacrifice et compromis : « Par amour »

Lorsque l'on tombe amoureux et que l'on nous dit qu'on ne « fait qu'un » (sans prendre en compte les relations non monogames) je pensais au départ que cette image n'était... qu'une image. Il s'avère que non, car ne « faire qu'un » est pris au pied de la lettre par certains couples. Pour préserver sa relation, il faudrait alors laisser filer une part de soi pour que son couple soit LA réelle priorité. Le couple est un investissement sur le long terme : dans le schéma le plus normatif, il donne accès – pour les plus riches – à la propriété, mais surtout à la fondation d'une famille nucléaire. Mais ces compromis sont surtout des sacrifices. Des sacrifices qui ne disent pas leur nom, considérés comme acceptables, puisque l'amour vaut tout le reste. Et ils passent par tous les domaines : sacrifices amicaux, sacrifices professionnels, sacrifices familiaux aussi parfois. Ils seraient, non pas une trahison de soi, mais un don de soi : on le présente comme une preuve d'amour, un ciment du romantisme dont le prix, forcément positif, serait d'obtenir encore plus d'amour et de présence de la part de son partenaire. Selon une étude réalisée par l'institut de sondage Opinion Way pour le site de rencontres Meetic.fr[145] en 2011, 37 % des Français seraient ainsi prêts à tout plaquer pour vivre une histoire d'amour. Un chiffre qui grimpe à 52 % chez les 25-34 ans. Les femmes sont par ailleurs davantage prêtes à sauter le pas (41 % contre 32 % pour les hommes), toutes tranches d'âge confondues. Étant l'étude la plus récente trouvée à ce sujet mais tout de même vieille d'une dizaine d'années, il est impossible de savoir si les chiffres seraient encore si hauts aujourd'hui. En effectuant mes recherches sur la notion de sacrifice en amour, j'ai pu compter sur une omniprésence de ressources (plutôt anciennes également) de psychologie ou de psychanalyse. Très, trop peu, voire aucune notion de sociologie. Pourtant, il nous faut nous demander qui sont les profils qui plaquent tout « par amour ». En grande majorité des hommes ? Des femmes ? Des femmes pauvres ? Ou au contraire des femmes bourgeoises ? Des hommes blancs ? Des femmes noires ?

Se sacrifier par amour ne prend pas en compte le coût émotionnel que cela peut provoquer chez la protagoniste : il va d'éduquer son conjoint à quitter toute sa vie et son entourage pour sauver la relation entretenue avec sa moitié. En tout cas, il est clair que la notion de sacrifice en amour et surtout, sa vision, diffère selon les profils sociaux. Si les femmes sont blanches avec un peu de patrimoine, règne le cliché que leurs sacrifices leur octroieront un statut de

145. « Observatoire de la relation amoureuse, De la rupture à l'amour », sondage Opinion Way pour Meetic, 2011

saintes. De bonnes victimes, celles auprès de qui l'on accourt pour leur procurer aide et empathie. Elles sont ainsi victimes de l'amour, mais peuvent et doivent être sauvées, malgré la force émotionnelle qu'elles ont épuisée... Ce qui les aura conduites dans cette situation, c'est la passion, puisqu'à un moment donné de leur histoire, ces femmes auront été amoureuses. Forcément, cela légitime la situation dans laquelle elles se trouvent désormais et rend le sacrifice noble. Il est ainsi noble car il validerait la thèse sexiste que les femmes auraient des qualités féminines particulières : prendre soin des autres et leur apporter amour et affection. C'est la même logique que la valorisation du foyer pour les femmes et de la carrière pour les hommes : les unes dedans, les autres dehors.

Pour les femmes noires, le statut de victime du sacrifice par amour est bien plus complexe. Car, en totale contradiction avec les femmes blanches, plus elles subissent des traumatismes, plus elles seront respectées, vues comme fortes, et donc moins on aura envie de les sauver ou de les aider. Ainsi, elles n'ont aucunement besoin de compassion de la part des autres. Dans l'imaginaire collectif, c'est ce que l'on appelle le stéréotype de la *strong black woman*, une femme noire qui pourra survivre à n'importe quelle épreuve, à n'importe quel traumatisme, et donc aussi survivre aux sacrifices. Elles ne sont pas des victimes, mais des femmes fortes, et rien de plus. Des clichés qui montreraient que leur relation amoureuse a été ravagée à cause de leur conjoint, forcément violent si c'est un homme noir. Et elles arriveront toujours à s'en sortir, à encaisser les traumatismes amoureux ainsi que leurs conséquences. Il règne une idée dans l'inconscient collectif qu'elles sont nées pour se sacrifier : pour leur conjoint, pour leurs enfants, pour leurs parents... Le tout en menant leur vie de front. Un cliché toujours présenté comme positif, alors que cela ne devrait pas.

Ce qui conduit les femmes dans ces situations est la passion. Elles auront vécu leur grande histoire d'amour, bien que son déroulé et son issue auront été chaotiques. Elles seront excusées car c'est la passion qui les aura conduites à cette mésaventure. Plus elles souffrent, plus cette relation sera authentique, comme une légitimation de ce que l'amour devrait être. Pour qu'une histoire soit vue comme véritable, il faut toujours qu'elle soit empreinte de passion. La passion, la vraie, les disputes, le drame, mais surtout le sacrifice pour le conjoint, puis pour les enfants. Une relation qui n'est pas semée d'embûches, qui n'a pas sa dose de passion, serait donc une relation «plan-plan». Selon le neurologue et fondateur de la psychanalyse Sigmund Freud[146], il existerait un mythe sacrificiel à l'origine de toute fondation sociale, qui détermine l'union des individus. En retour, leur propre sacrifice vient renforcer la communauté et dans le cas des couples, leur union. Dans ce cadre, il est intéressant de relever que le concept de l'idéalisation va de pair avec un autosacrifice de l'amour de soi. Si ce que l'on sacrifie va d'abord vers les personnes, les amitiés par exemple comme évoqué dans le chapitre 7, mais aussi la famille, la vie professionnelle; la première victime du sacrifice reste soi-même et son indépendance.

Bien avant le désir d'être en couple, c'est le désir, ou plutôt la nécessité de ne pas être seule et de se conformer aux normes établies, qui importent. Par exemple, les personnes aromantiques, personnes qui n'éprouvent pas

146. Sigmund Freud est extrêmement critiqué pour ses différentes positions, notamment par ses analyses sexistes des êtres humains.

ou peu d'attirance romantique, quels que soient le sexe ou le genre de la personne ; ou les personnes asexuelles qui ressentent peu ou pas de désir sexuel, présentées aujourd'hui comme « phénomène », ont longtemps été considérées comme marginales. Mais dans une étude réalisée en 2004 par le psychologue Anthony Bogaert, 1 %[147] de la population britannique avait répondu n'avoir « jamais ressenti d'attirance sexuelle pour personne ». Selon lui, « le pourcentage de personnes "*ace*" [diminutif issu de l'anglais, ndlr] pourrait donc être beaucoup plus élevé, pour des raisons qui tiennent aussi bien de l'art des statistiques que de l'éducation à la sexualité ». Pas très marginal, donc, si l'on en croit les sciences, mais marginal si l'on en croit les personnes qui s'en réclament publiquement, s'y retrouvent et en parlent. Les personnes *aces* peuvent faire pendant de longues années des sacrifices pour coller au cliché selon lequel dans un couple sain, la sexualité doit forcément être (très) présente : c'est-à-dire d'avoir tout court, ou d'avoir plus de relations sexuelles qu'elles ne le voudraient. Parce qu'il le « faut », déjà pour convenir à ce que l'idée d'un couple devrait être, mais aussi pour certaines femmes – pas forcément asexuelles –, pour correspondre au maximum à la pression à la sexualité dans la course à être celle qui sera la plus désirable.

La célibataire à jamais déviante

Pour de nombreux individus, il faut éviter à tout prix de passer des moments seul·e. La solitude serait signe d'une vie remplie de tristesse, tant le bonheur est synonyme

147. "*Asexuality: Prevalence and Associated Factors in a National Probability Sample*", Anthony Bogaert, *The Journal of Sex Research*, Vol. 41, No. 3, août 2004

d'amour, de partage, et d'entourage toujours présent. Or, la solitude, lorsqu'on arrive à l'apprivoiser, peut être la meilleure des compagnes. Dans le podcast Émotion(s) de Louie Média, piloté par la journaliste Cyrielle Bedu, une autre journaliste, Iris Ouedraogo, a tenté d'expliquer durant une trentaine de minutes pourquoi il est difficile de l'appréhender. Elle nous montre comment on lui voue systématiquement une image négative, et pourquoi elle est définie comme une contrainte. Elle y rencontre le psychiatre Gérard Macqueron, auteur de *Psychologie de la solitude*[148], qui explique qu'une personne qui apprécie sa solitude est « quelqu'un qui vit seul remet en cause les fondements de la société ». Si le couple est la fondation de notre société hétéropatriarcale, j'y trouve alors la racine de la remise en cause du célibat. La solitude est anormale, bien qu'elle soit profondément voulue et choisie pour certaines.

Depuis le début des années 2020, l'asexualité est un sujet de plus en plus discuté[149] dans les sphères féministes, par et pour les personnes concernées, elles qui ont été vilipendées auparavant. Néanmoins, elle reste, à tort, assimilée à de la frustration sexuelle. Il demeure incompréhensible pour de nombreuses personnes que les personnes asexuelles puissent vouloir d'une relation amoureuse... sans forcément avoir de relations sexuelles. Par conséquent, certaines peuvent se retrouver dans une situation de célibat forcé, car elles ne correspondent pas aux attentes de ce que devrait être un couple. Ou celles qui y parviennent comprennent rapidement que leur couple est vu comme illégitime car ils n'ont pas de sexualité.

148. *Psychologie de la solitude*, Gérard Macquron, Odile Jacob, 2009
149. À ce propos, écouter le podcast *Free From Desire* d'Aline Mayard, 2021, Paradiso.

Ainsi, si les personnes asexuelles ne sont pas forcément vouées au célibat malgré les clichés qui perdurent, les personnes aromantiques, elles aussi, subissent ces derniers. Si elles n'ont pas vraiment de sentiment amoureux, elles peuvent avoir des désirs ou des relations sexuelles. Ou peuvent également être asexuelles. Il y a donc plusieurs spectres autour de l'aromantisme et de l'asexualité, mais les deux sont encore et toujours assimilées à la solitude et au célibat. Et plus les personnes sont seules ou perçues comme telles, plus elles sont mises au ban de la société. Qu'elle soit embrassée ou non, la solitude fait peur. Il ne faudrait surtout pas être contaminé·e par ceux qui en sont amoureux. Pourtant, si les femmes apprennent à jouir de leur solitude, elles apprendront à savourer leur autonomie et se défaire d'une certaine codépendance. Mais si on nous apprend désormais à sortir partiellement de l'hétérosexualité, les ressources restent insuffisantes pour permettre aux femmes de se libérer de cette codépendance.

C'est avec cette réflexion que mes recherches sur le couple se sont intensifiées. Comment pourrais-je un jour me lancer dans une relation amoureuse alors que j'adore être seule ? Surtout si dans les unions que j'observe autour de moi, il est souvent difficile de trouver un compromis sans avoir à se diminuer pour le bien-être de sa relation amoureuse. Dans mon cas, le sacrifice va de pair avec un système de misogynoir ambiant, peu importe le partenaire. Je n'ai presque jamais entendu un·e ami·e en couple me dire qu'il allait voyager seul·e, bien qu'iel en ait envie. Je n'en ai jamais vu non plus qui découvrait un nouveau restaurant seul, organisait une activité de loisir seul.

Un des clichés les plus répandus sur les femmes célibataires, c'est qu'elles sont plus libres sexuellement que la plupart des gens. Mais le *slutshaming*[150] a encore la vie dure. Et pour cause, la sexualité des femmes est constamment sous les feux des projecteurs du jugement. Pour commencer, elle est caricaturée. Il règne l'idée que les femmes seules ne font jamais de sexe, ou alors, qu'elles en font trop. Il n'y a pas d'équilibre. C'est pour cela qu'encore aujourd'hui, les femmes qui enchaînent les coups d'un soir minimisent la réalité et diminuent leur nombre de partenaires lorsqu'on leur demande[151]. Il m'arrive moi-même de choisir dans mon entourage les personnes à qui je raconte mes aventures, car ces préjugés ne sont pas dus à une question de génération : ils sont ancrés dans toute notre société. Être une célibataire endurcie, en addition à une sexualité sans aucune retenue est un cocktail fatal pour certains. On en vient toujours à donner des raisons qui justifieraient que non, ces femmes n'ont pas forcément envie d'être seules. Pourquoi ne pas se réserver pour un seul homme, puisqu'apparemment, leur solitude (sexuelle) n'est pas si enviable ? Comme si justement, en cette décennie 2020, la vie sexuelle d'une femme ne demeure pleinement acceptable uniquement lorsqu'elle est active au sein d'une « réelle » union amoureuse. Sinon, le poncif de la pauvre fille ne fait que s'abattre sur elle. Car malgré tout ce que l'on peut penser, lorsque l'on pratique du sexe de manière non classique (soit parce que l'on est célibataire, soit parce que les pratiques diffèrent des normes), nous sommes considérées comme déviantes. Comme si nous ne devions notre sexualité qu'à une seule personne, un seul homme : notre conjoint.

150. Attitude ou parole visant à humilier les femmes à cause de leur conduite sexuelle.

151. "*Why Do Men Report More Opposite-Sex Sexual Partners Than Women? Analysis of the Gender Discrepancy in a British National Probability Survey*", par Kirstin R. Mitchell, Catherine H. Mercer, Philip Prah, Soazig Clifton, Clare Tanton, Kaye Wellings et Andrew Copas, *The Journal of the Sex Reasearch*, 25 juillet 2018

Néanmoins, les adeptes de la révolution romantique ont tenté de mettre en lumière des solutions qui pourraient convenir à certaines. On est ainsi parfois poussées à la surconsommation sexuelle via les spectres du libertinage ou encore de l'échangisme sans prendre en compte les disparités de chacune. Ou alors à la surconsommation relationnelle qui n'inclue pas forcément la sexualité, via, par exemple, le polyamour, l'anarchie relationnelle, ou encore d'autres modèles fait pour les femmes célibataires – ou celles en couple avec un pied (ou celui de leur conjoint) en dehors de la relation. Dans les milieux les plus aisés, on a pu prendre ces options comme de véritables modes de vie, certaines mettant des mots sur ce qu'elles ont pu ressentir ou vivre durant des années, voire toute leur vie. Mais comme tout mouvement social féministe, ces logiques ont été récupérées à des fins individualistes. Dans Médiapart, l'autrice Douce Dibondo l'a souligné :

> « Sur le papier, l'idée était bonne. Relationner sexuellement et/ou romantiquement avec plusieurs personnes, sur des modalités de temps différentes ou égalitaires, selon qu'on soit adepte de l'anarchie relationnelle. Avec un accent mis sur la confiance, la communication et l'honnêteté. Puis ça se gâte quand on pense le polyamour comme fin révolutionnaire, en minimisant les rapports de domination en jeu : entre personnes queer dont les dynamiques reproduisent les normes patriarcales parfois, les dynamiques hétéro, entre ace et non ace, entre personnes blanches, racisées etc. Un.e polyamoureux.se noir.e peut être soupçonné.e d'initier ou d'être soumise à de la polygynie[152] par exemple. »

152. Relation conjugale dans laquelle l'homme a plusieurs femmes en même temps.

C'est alors que si le polyamour et ses variantes peuvent avoir un côté attrayant, voire tendance dans certaines milieux, cela est considéré comme rien d'autre que de la polygamie lorsque c'est pratiqué chez des personnes aux origines non-occidentales. Cela est même légiféré, la polygamie étant interdite en France. Ces solutions ne sont alors pas réellement égalitaires, les femmes vivant aux marges étant celles qui ont le plus de risques d'être réprimandées.

Ainsi, malgré tout, les filles, puis les femmes, doivent tout donner afin d'être choisies par les hommes. Cette propagande nous a montré que l'on se devait de faire notre possible pour être une femme bien : celle que l'on peut épouser, celle que l'on peut aimer, celle avec qui l'on veut procréer, quitte à subir encore et encore des traumatismes et des sacrifices durables sur la vie quotidienne. Dans une époque post-MeToo, plus question de se taire : si l'on a admis que les hommes ne cesseront de creuser des inégalités entre eux et nous, il est toujours difficile de dire que les femmes peuvent volontairement creuser les inégalités entre elles. Et que parfois, ces inégalités leur conviennent. Certaines femmes sont entrées dans une révolution romantique où il n'est plus question pour les femmes hétéros de subir un amour, ou plutôt, un désamour auquel elles ont longtemps été contraintes. Néanmoins, les mécanismes présents depuis des millénaires sont encore indéboulonnables. Les femmes doivent et se sentent encore obligées de se battre pour sauvegarder une relation amoureuse et renoncer à de nombreuses parties d'elles-mêmes pour convenir à ce que la société attendrait d'elles. Ainsi, le couple monogame fait encore et toujours invariablement office de salut, quel que soit le niveau de déconstruction atteint par les individu·e·s. Parfois au détriment d'autres femmes, voire en totale invisibilisation d'autres femmes qui ne sont pas leurs semblables. Car après tout, si le couple monogame peut être une histoire d'amour, il est aussi, voire surtout, une histoire de partenariat.

Conclusion

Le travail élaboré par des autrices, journalistes, philosophes, sociologues, ou encore podcasteuses ces dernières années a été un catalyseur pour de nombreuses femmes. Cette prolifération de nouvelles ressources concernant l'amour ayant déclenché en celles qui les lisent et les écoutent un électrochoc. Enfin, elles pouvaient prendre pleinement conscience de la façon dont les relations amoureuses peuvent instaurer et amplifier des inégalités entre les hommes et les femmes. Elles pouvaient pointer du doigt la façon dont elles se bradent et se battent encore – notamment entre elles – pour correspondre à ce statut préétabli par l'hétéropatriarcat de femme en couple monogame avec un homme, statut qui leur apporterait légitimité en tant que personne aux yeux du monde. Elles pouvaient prendre conscience de la façon dont les normes amoureuses ont défini ce que la société attend d'elles. Sans vouloir sonner défaitiste, ce travail ne sera jamais terminé. Ce n'est encore que le commencement, même s'il a débuté il y a des décennies, entrepris par des femmes de tout âge, de toutes races, de toutes orientations sexuelles et de toutes classes. Il a ensuite été couché sur le papier par des autrices, sociologues, ou encore militantes, dont les profils étaient peu diversifiés. Et ce travail est aujourd'hui en perpétuel mouvement, les sociétés occidentales étant loin d'avoir terminé de défaire les violences qu'impliquent les relations amoureuses.

De mon côté, j'ai tenté au long de ces pages d'analyser le fait que ces normes ne sont pas les mêmes pour toutes, qu'elles sont loin d'être accessibles. Et pour cause, le sous-titre de ce livre est « Repenser la révolution romantique depuis les marges ». Est-ce que ce livre a vraiment repensé cette révolution ? Pas forcément, mais il est un premier outil pour que d'autres prennent le relais sur le sujet.

Durant l'écriture de cet ouvrage, je n'ai cessé de m'inquiéter d'une juste représentation de toutes les femmes. Celles qui sont, comme je l'ai écrit, « aux marges » en Occident, ne m'étant pas penchée sur le reste du monde par manque de légitimité. Il me paraissait important d'inclure le plus de profils possibles, tant une majorité de femmes ont pu se sentir lésées dans cette esquisse de révolution romantique. Les mettre en avant, souligner leurs vécus, en espérant avoir évidemment pu aborder un spectre de sujets assez large.

Peut-être que dans un an, en relisant ce texte, je n'en serai que peu satisfaite. Peut-être qu'au contraire, j'en serai très heureuse. Peut-être que je le relirai avec honte ou désarroi ou peut-être que ce sera fait avec fierté. Peut-être qu'il manque de nombreuses choses dans cet ouvrage. En tout cas, j'aurais essayé. Essayer de parler d'amour en évoquant des voix que l'on entend peu. Des voix de femmes qui, dans l'inconscient collectif, ne sont jamais amoureuses, ou ne méritent pas d'être aimées. J'espère que ce livre est une porte d'entrée pour que celles que l'on entend peu aient, elles aussi, une petite place en librairies. Qu'elles puissent s'y reconnaître, se sentir moins seules. J'espère que ce livre est un préambule pour que ces mêmes femmes puissent elles aussi prendre la parole sur ce sujet comme elles l'entendent. Qu'elles puissent être mises au premier plan. Et qu'elles ne soient plus seulement reléguées parmi les Autres, que leur prise de parole ne soit plus un événement. J'espère qu'un jour, d'autres femmes, bien moins gâtées socialement que moi, auront elles aussi le privilège d'écrire un essai comme j'ai tenté de le faire.

Au départ, ce livre n'était pour moi pas seulement un ouvrage sur l'amour, mais également un ouvrage sur le féminisme. Et il me paraissait difficile à définir, à expliquer, tant il mêle selon moi, les deux sujets d'une manière très étroite. Aujourd'hui je définirais ce texte ainsi : « Comment le féminisme a exclu une majorité de femmes non privilégiées de la révolution romantique. »

Ainsi, à travers les définitions officielles, j'ai essayé dans l'introduction de mettre le doigt sur la façon dont on considère l'amour. Qu'est-ce que réellement l'amour ? Comment le définissons-nous aujourd'hui ? Cette question digne d'un sujet de bac philo n'a été que peu problématisée dans ce processus de révolution romantique. Et je m'inclus évidemment dans ce manque de questionnement. Si nous n'arrivons pas à le définir correctement, c'est parce que l'amour romantique reste le plus centralisé dans nos vies, au détriment des autres formes. Lorsqu'on se rend compte qu'en tant que femme, femme hétéro, et/ou femme minorisée, les relations amoureuses apportent forcément un déséquilibre dans la sphère la plus intime, aucun retour en arrière n'est possible. Quitte à ce que les femmes les plus conscientes de leur place précaire au sein de la société s'empêchent de vivre quoique ce soit par peur ou par effroi.

Se lancer dans une relation amoureuse est un risque considérable de subir moults violences misogynes, racistes, ou encore validistes. Moi-même, au fur et à mesure des recherches effectuées pour cet ouvrage et de son écriture, j'en suis arrivée à me dire que l'amour n'était qu'une succession de violences politiques. Que je ne pourrai pas, en tant que femme noire, foncer dans ce tas de violence. Alors que l'amour ne se limite pas qu'à cela. Il ne se limite pas qu'aux sujets évoqués dans cet ouvrage. Pas qu'au rapport de genre. Pas qu'à la sortie de l'hétérosexualité. Ce texte évoque en écrasante majorité le côté rationnel de l'amour. Pouvoir se permettre de devenir lesbienne ou non ? Garder ses privilèges tout en faisant des compromis ou non ? Éduquer son partenaire ou non ? Mais il ne mentionne pas l'aspect purement sentimental de l'amour. La passion, les papillons dans le ventre, les émotions. N'étant ni philosophe, ni poétesse, ni sociologue, je serai incapable d'en parler. Mais surtout, en conclusion de cet ouvrage, je me demande si l'on aime vraiment ou si tout n'est que construction sociale. Car pour beaucoup, l'amour et ses déboires sont et resteront à jamais une émotion dont découle des comportements distincts. Et ces personnes n'ont pas forcément tort.

En réalité, l'amour n'est pas que l'amour romantique. Il est celui censé nous apporter forcément la définition du bonheur. De la stabilité, un mariage, une maison, des enfants. Le « salut » d'une vie, comme je le mentionnais en introduction de cet ouvrage. Pourtant, l'amour englobe bien d'autres formes, qui elles aussi, j'espère, seront prises en main et analysées par les cercles féministes au même titre que sa forme romantique.

J'espère que les relations amicales, par exemple, seront elles aussi mises sur un piédestal par nous toutes. Que nous apprendrons à en prendre soin, à les valoriser, ou à les remettre en question. Que nous penserons à détricoter ses mécanismes oppressifs, qui existent eux aussi. Que nous y consacrerons la même énergie qu'à l'amour romantique. Peut-être que mettre sur un pied d'égalité toutes les formes d'amour est un bon commencement. Si les relations amoureuses doivent être repensées, toutes les autres formes doivent l'être également, tous les liens sociaux doivent être analysés. En espérant que l'on en tire collectivement des leçons, et que, si ce jour arrive, toutes les femmes pourront y contribuer.

Bibliographie & filmographie sélective

Livres

Belmehdi, Racha, *Rivalité - nom féminin*, éditions Favre, 2022

Coll. Alestra, Léane, Bourdet, Anais, Erin Gin, Sabrina, Eve, Lou, Jah Njiké, Axelle, Omankoy, Sharone, Todorova, Emanouela, Traoré, Nanténé, *Nos amours radicales. 8 visions singulières pour porter un regard nouveau sur l'amour*, Hacette Pratique, Coll. Les Insolentes, 2021

Gloria Hull, Akasha, Bell-Scott, Patricia, Smith, Barbara (éd.) *But Some of Us Are Brave: Black Women's Studies. All the Women are White, All the Blacks are Men*, Ouvrage collectif, Feminist Press, 1982

Hamad, Ruby, *White tears/Brown Scars: How White Feminism Betrays Women of Colour*, Catapult, 2020

hooks, bell, *Ne suis-je pas une femme ?*, éditions Cambourakis, 2017

hooks, bell, *La Volonté de Changer. Les hommes, la masculinité, et l'amour*, éditions Divergences, 2021

hooks, bell, *À propos d'amour*, éditions Divergences, 2022

Lorde, Audre, *Sister Outsider*, édition Mamamelis, 1984

Noël, Fania, *Et maintenant le pouvoir : Un horizon politique afroféministe*, éditions Cambourakis, 2022

Quillet, Lucile, *Le Prix à Payer. Ce que le couple hétérosexuel coute aux femmes*, éditions Les Liens qui Libèrent, 2021

Rojas, Elisa, *Mister T & moi*, éditions Marabout, 2020

Films

L'Amour en Cité, Maïram Guissé, 2014

Vers la tendresse, Alice Diop, 2016

Ouvrir la Voix, Amandine Gay, 2017

Remerciements

Un remerciement le plus redevable à Coline Charpentier et Juliette Dimet pour leur accompagnement, qui après un seul café ont cru en ce projet alors que je n'y croyais pas moi-même ; et pour leur (très) grande patience face à mes doutes et mes mille crises de légitimité.

Un énorme merci à Julie Finidori d'aussi bien me défendre.

À mes amies et premières lectrices Léa Frédeval, Noémie Koskas-Marques, Ornella Knoblauch, Estelle Ndjandjo, Lucie Otto-Bruc, Clara Robert-Motta et Laura Stassi pour toutes ces discussions, pour leur soutien et surtout pour leur existence.

À ces (nombreuses) personnes qui embellissent mon quotidien : Ludivine Aurelle, Marie Bail Caradot, Louis Belin, Léa-Boutin-Rivière, Célia Chirol, Coline Clavaud-Mégevand, Lorenzo Cottier, Magali Délice Baku-Maduda, Marie Desrumeaux, Paul Idczak, Jonathan Grelier, Thomas Hermans, Aline Kalumuna, Thibault Lambert, Corentin Le Dréan, Héloise Linossier, Ophélie Manya, Léa Mormin-Chauvac, Anaïs et Olivia Ndjoli, Solenn Niclot, Lolita Pille, Clémentine Sabrié, Diane Régny, Théophile Vareille, Anas Wadi.

À ces femmes qui m'entourent et m'inspirent avec leur travail remarquable : Christelle Bakima, Arwa Barkallah, Esther Bassingha, Eva Belizaire, Marie Dasylva, Amandine Gay, Maïram Guissé, Kiyémis, Lucile Quillet, Élisa Rojas, Faïza Zerouala.

À ma famille,

Mes sœurs Gracia et Joëlle, mon petit frère Théo.

Et surtout à mes parents, Cécile et Paulin.

DE LA MÊME AUTRICE

Moi aussi : MeToo, au-délà du hashtag, livre collectif, éditions JC Lattès, 2022

AUX ÉDITIONS DARONNES

Rachele Borghi, *Décolonialité & Privilège. Devenir complice,* traduit de l'italien par Astrid Aïdolan-Ague, 2021

Sarah Pèpe, *Domestiquées*, 2022

Marie Dasylva, *Survivre au taf. Stratégies d'autodéfense pour personnes minorisées*, 2022

Pauline Harmange, *Avortée. Une histoire intime de l'IVG*, 2022

Pauline Le Gall, *Utopies féministes sur nos écrans. Les amitiés féminines en action*, 2022

Cette édition a été achevée d'imprimer en octobre 2022
sur les presses de Rivet Presse-Édition
24 rue Claude-Henri Gorceix, 87022, Limoges Cedex
www.rivet-pe.com

www.editionsdaronnes.fr